ГРИГОРИЙ ОСТРОВ

ИСТОРИИ ИЗ ЖИЗНИ

Денвер 2012

УДК 621:929

Григорий Остров. Истории из жизни. Денвер, Колорадо. HMG Press, 2012 – 138 с.

ISBN: 1475105169

"Истории из жизни" Григория Острова - сборник рассказов, отличающихся великолепным сочетанием тонкого юмора и серьезных философских наблюдений. Автор - неоднократный победитель соревнований по спортивному ЧГК, член команды знатоков "Китай-Город", лидер американского движения "Игра". Настоящая книга рассказов Григория Острова издана по заказу Оргкомитета Чемпионата Америки по спортивному "Что? Где? Когда?" – "Что? Где? Колорадо! 2012" для вручения командам победителям в качестве памятного приза.

Издательство HMG Press
8547 E. Arapahoe Rd., Ste J-177
Greenwood Village, CO 80112
Tel. 720-436-7613 Fax 866-559-2923
Printed by On-Demand Publishing, LLC.

Дизайн и верстка Анастасии Айзман

Спонсор издания Первая русская газета Колорадо "Горизонт"
www.gorizont.com

ISBN-13: 978-1475105162   Copyright © Grigory Ostrov
ISBN-10: 1475105169

ИСТОРИИ ИЗ ЖИЗНИ

Григорий Остров

СОДЕРЖАНИЕ

I. Из жизни знатоков 5
   Частная версия 5
   Контакт 6
   Популярность 7
   О широте русской души и желудка 9

II. Из жизни российской 12
   Семейные ценности 12
   Пластиковая уретра 15
   Пират повесился 17
   Как Зяма ездил в Сохнут 18
   Соколиный Глаз 20
   Повесть о первой любви 22
   Да, были люди в наше время... 25
   Абай встречает Новый год 27
   Держи спички сухими 29
   Дитя разных народов 30
   Бериллий 32
   Наш призрак, дважды виденный подряд 33
   Голый король 35
   Новогоднее чудо 37
   Последний девственник МПТИ 39
   Китайская ничья 42
   Макароныч 45
   Главный собачий секрет 46
   Джимми 49
   Забытая улица 51
   Так будет правильнее 52
   Дальний сортир 54
   Святочно-хомячная история 55
   Где море? 57
   Трусики 57
   Гусеница 59
   Мой дом – моя крепость 61
   Близнецы 63
   Суета вокруг дивана 64
   Судьба дед-Мороза в перестройку 67

III. Из жизни эмигрантской 69
Большое сердце Нью-Йорка 69
Strawberry fields 70
История о русском гении и американской смекалке .. 72
Теория и практика 73
Месть скунса 74
Яркая индивидуальность 75
Мурзик и мистер Квакли 76
Что положить на работу 80
Как в Америке отучают от курения 83
Корабль уродов 84
Как это делалось в Париже 87
Вендетта по-беэр-шевски 90
Радистка Кэт 91
Комиссар 92
Романтик хренов 93
Ёлочка 94
Погоня 95
Месье, я вам испортил такую ночь 96
Закон о защите малых птиц 98
Чемоданы Хоттабыча 100
Экономия 103
Коротенькие истории 104

IV. Из жизни Айки Апштейна 111

V. Сказки 125
Похождения мэнээса 125
Марципаны 128
Девушка из глины 131
Когда тебя понимают 134

От автора

Я не писатель. Всю жизнь работаю программистом. Вырос в Белоруссии, жил в Москве, затем в Нью-Йорке, сейчас обосновался в Чикаго. Много лет играю в «Что? Где? Когда?» и «Брейн-ринг», возможно, телезрители помнят меня как игрока команды «Китай-город». С появлением Интернета стал рассказывать разные смешные и трогательные истории, которых за жизнь накопилось великое множество, приключившиеся со мной либо от кого-то услышанные. В Интернете мои истории пришлись ко двору, может быть, и вам они понравятся. —Григорий Остров

I.

ИЗ ЖИЗНИ ЗНАТОКОВ

ЧАСТНАЯ ВЕРСИЯ

Прихожу на работу, а тут про что-где-когда рассказывают. Со мной тоже было, баловался по молодости. Тешит самолюбие: сидишь, думаешь, а за соседним столиком Максим Поташев собственной персоной ломает голову над тем же вопросом. Кстати, я спрашивал ребят из Питера и Одессы: Друзь и Бурда в городских чемпионатах не играют. Это только у нас в Москве такая демократия.

Чтоб дальше было понятнее, расскажу, кто играл у нас в команде. Витек, кэп – лоб здоровый, спокойный как шкаф. Выигрываем, проигрываем – он ноль эмоций. Для капитана самое то. Славик – всезнайка, тихий и скромный. Ну и я, скажем Игорь. Эрудиция у меня прямо скажу, средняя, зато фантазия бурная. За это и ценили: бывают такие вопросы, что без фантазии никак не взять. Остальные трое тоже были хорошие ребята, но про них сейчас не обязательно.

Играем какой-то там тур московского чемпионата. Тур ответственный: решается, быть нам в высшей лиге или нет. Ближе к концу уже такой вопрос: где-то в Кении проходят соревнования школьников. Рекорд школы составляет полторы минуты, 10 метров в высоту и 40 сантиметров в диаметре (в цифрах могу напутать, но не сильно). Спрашивается, что они такое делают.

Славик сразу говорит:
– Пускают мыльные пузыри.

Капитан морщится: неинтересно, про мыльные пузыри уже сто вопросов было.

И тут меня осенило.

– Ребя, кричу (шепотом кричу, чтоб соперники не услышали), это же черная Африка!

– Ну и что?

– Как что? У них там СПИД везде. А раз СПИД, значит сексуальное просвещение и пропаганда здорового секса. Это соревнования по надуванию презервативов, зуб даю!

Славик пытался спорить, но я его забил. Тут как раз кончилась минута, капитан мне поверил и сдал ответ про презервативы. Оказались, понятное дело, мыльные пузыри, накрылась наша высшая лига.

Вышли после игры из Дворца пионеров, закурили. Топаем к метро. Настроение поганое-препоганое. Витек мрачный как скала, молчит всю дорогу. Вдруг остановился и спрашивает Славика:

– Не помнишь, у метро аптека есть?

– Вроде есть, а что?

– А то! Купим сейчас упаковку презервативов и Игорек будет их надувать, пока десять метров в высоту не получится!

Молодец капитан, разрядил обстановку. А мне потом эти презервативы года два поминали, пока команда не развалилась окончательно.

КОНТАКТ

Предполагая, что правила игры в "контакт" читателям уже известны (это когда надо угадать задуманное слово, задавая вопросы на его первую букву, потом на две первые и т.д.), могу рассказать одну довольно давнюю историю. Только сначала напомню старый анекдот.

Слет кубинских партизан. В зал один за другим входят бородачи, бьют себя в грудь: "Кубинос партизанос!" Наконец входит гладко выбритый человек: "Кубинос партизанос!" – "А борода где?" Он расстегивает ширинку: "Тайнос агентос!"

Так вот, игру в "контакт" очень уважают так называемые знатоки, т.е. участники передач "Что? Где? Когда?", "Своя игра" и прочих подобных. Перерыв в очередных съемках "Своей игры", толпа знатоков режется в "контакт". Слово задумал Анатолий Вассерман, среди угадывающих – автор этих строк (широкой публике неизвестен, но борода примерно как у Толика) и безбородый Борис Бурда. Бодро и весело раскрутили первые 4 буквы – РАСТ, и на этом дело застопорилось. Перебираем "растение" и все однокоренные слова – все мимо. Я задаю очередной вопрос:

– Толик, а это не то, чего у нас с тобой намного больше, чем у Бориса?

Толик, после мгновенного раздумья:
— Нет, это не РАСТительность.

Секунда тишины — все думают. И тут Бурда возмущенным голосом, протягивая руку к ширинке:
— Это еще неизвестно, у кого больше!

Знатоки — народ стойкий. До конца этого перерыва ржали, а в следующем все же раскрутили задуманное Толиком замечательное слово "Раструб".

ПОПУЛЯРНОСТЬ

О том, что такое популярность. Есть у меня хороший товарищ, которого вы наверняка знаете если не по фамилии, то хотя бы в лицо. Он знаток, снимается в передаче «Что? Где? Когда?». Друзь не Друзь, но физиономия примелькавшаяся. Хотя история, которую я хочу рассказать, никак его не компрометирует, настоящего имени я вам все же не назову. Пусть будет Леша.

По Лешиным словам, популярность ему ничего кроме неприятностей не доставляет. Благодарные зрители пристают в самых неподходящих местах, вплоть до общественного туалета. Таксисты норовят содрать вдвое. Потенциальные заказчики делают круглые глаза: «Как, вы еще и работаете?»

Надо сказать, что большинство знатоков зарабатывает деньги, и порой неплохие, в областях, весьма далеких от телевидения. А знаточество — это так, хобби, отдых души. Чаще всего этот отдых проходит в форме фестивалей. Несколько раз в году сотни три известных, малоизвестных и вовсе никому не известных знатоков собираются в каком-нибудь провинциальном городе, чтобы в честном бою определить, кто из них самый сообразительный (не говорю «эрудированный», ибо настоящие знатоки эрудицию презирают, главное ругательство в их среде — «чистое знание»).

Бои проходят днем, а вечерами в гостинице знатоки предаются занятиям, более привычным для российского интеллигента, как-то: преферанс, беспредметные разговоры и потребление спиртных напитков различной крепости. Не обходится и без флирта, а поскольку в командах знатоков на десяток мужчин приходится в среднем 0,5 девушки, то в орбиту праздника неизбежно втягиваются юные и не очень нимфы из числа местных жительниц. Так вот, на одном из фестивалей, кажется в Липецке, Лешиным соседом по номеру оказался игрок из другого города, незаслуженно обойденный вниманием телевизионщиков, но хорошо известный в знатоковской среде под прозвищем Большой Бен. Прозвище образовалось после особо удачного ответа на вопрос о главной лондонской башне, но и вне контекста прекрасно гармонировало со своим обладателем.

Покончив с игровой программой первого дня, Леша поднялся в номер своего капитана и приступил к основной программе фестиваля, то есть к расписыванию и распитию. Где-то очень глубоко заполночь последние распасы благополучно завершились, удачно совпав с завершением последней бутылки. Леша вернулся к своему номеру и обнаружил, что тот заперт изнутри. После громких и настойчивых стуков дверь приоткрылась на ширину Бенова глаза.

– Я не один, – прошептал Бен.

– Мне плевать, сколько вас там и в каких позах, – резонно ответил Леша. – Три часа ночи, утром финал, я спать хочу.

– Сейчас, – Бен скрылся за дверью, через пару минут появился вновь и милостиво разрешил: – Входи, только не подглядывай, она стесняется.

Леше было решительно не до подглядываний. Он ощупью добрался до своей койки и, не обращая внимания на громкие скрипы, чмоки и хлюпанья, вскоре уснул.

Проснувшись утром, он открыл глаза и практически уперся взглядом в тыльную часть юной нимфы, которая, стоя перед кроватью со спящим Беном, как раз натягивала трусики. Покончив с ними, она потянулась за следующей деталью туалета, повернулась и встретилась с Лешей глазами. Судя по густоте краски, залившей слегка помятое, но милое личико, надевание нижнего белья на глазах у незнакомого мужчины не было для нимфы привычным делом. Скорее всего, она занималась этим впервые. Поэтому процесс дальнейшего одевания оказался скомканным и сумбурным. Путаясь от стыда в рукавах и штанинах, роняя вещи и в результате дав Леше полюбоваться своими прелестями куда больше, чем могла бы, нимфа наконец вылетела в коридор.

Оставшись один, Леша собрался вставать, но тут нимфа явилась вновь. В ее глазах явно читалось узнавание, видимо, за дверью она наконец сопоставила лицо на соседней койке с лицом, многократно виденным по телевизору.

– Простите, вы Алексей такой-то? – Леша кивнул. – Извините, пожалуйста...

Тут девушка вконец сконфузилась и умолкла. Леше было понятно ее смущение. Стыдно осознавать, что незнакомый человек видел тебя вылезающей из чужой постели и слышал, чем ты в ней занималась. Но в сто раз стыднее, если это не просто незнакомец, а уважаемый, известный всей стране человек, может быть, кумир молодости. В принципе, Леша ее не винил: не так легко устоять против Бена. Но, оказывается, он плохо понимал психологию липецких девушек. Справившись с волнением, нимфа закончила:

— Извините пожалуйста... а можно автограф?

О ШИРОТЕ РУССКОЙ ДУШИ И ЖЕЛУДКА

Как-то довелось мне слетать на выходные из Нью-Йорка в другой город США на некую, скажем так, конференцию. Чем конкретно мы там занимались, для данного рассказа совершенно не важно, а важно только, что мероприятие было организовано местной русской общиной и, несмотря на то, что главных распорядителей звали Фейгин и Розенблях, да и остальные участники недалеко от них ушли, проводилось со свойственными русской душе широтой и размахом.

С гостиницами Фейгин с Розенбляхом решили не связываться, иногородних гостей члены оргкомитета разобрали по домам. Меня и еще одного нью-йоркца, Игоря, приютила очаровательная молодая женщина по имени Таня. Нет-нет, уберите скабрезные улыбочки, у Тани имеется горячо любимый муж Крис. Так получилось, что, переночевав в его доме, я ни разу с ним не пересекся, но с Таниных слов неплохо его себе представляю. Крис этот – стопроцентный американец, выросший в самом сердце Индианы не то Луизианы и до знакомства с Таней видевший русских только на картинке. К Таниным друзьям он до сих пор относится с боязливым восторгом и постоянно ожидает от них какой-нибудь богатырской или купеческой выходки. И те его не подводят.

Тут надо сказать об одной особенности американского гостеприимства. Американцу может быть совершенно наплевать, что вы едите на обед и ужин, но если вы у него ночуете, он обязан обеспечить вас завтраком, и не каким попало, а в точности тем, к которому вы привыкли за последние двадцать лет. Тут есть своя логика: если человек приехал по делам, то обедает и ужинает он там, где эти дела делает, а вот тащиться куда-то утром на голодный желудок не есть хорошо. Перед нашим с Игорем приездом Таня с подачи Криса звонила нам раза три, чтобы уточнить, что мы будем есть на завтрак. Но мы отнеслись к делу безответственно и вместо того, чтобы четко доложить: "среднепрожаренную глазунью с клубничным йогуртом", то уверяли, что съедим абсолютно все, то заявляли, что вообще не завтракаем. Крис так и остался в некотором недоумении, чем же нас кормить.

Субботняя часть конференции прошла великолепно. Уровень

участников, качество проработки вопросов, зал, ведение, техническое обеспечение – все было на высшем уровне. Но все это меркнет в сравнении с последующим банкетом, состоявшимся в том же зале. Вот где вышеупомянутые свойства русской души проявились во всей полноте. Количество спиртного превосходило возможности собравшихся (несколько десятков человек) раз в пять, а количество съестного – и во все десять. Длинный ряд вместительных, килограммов на десять каждый, металлических поддонов с салатами, паштетами, соленьями, мясными и рыбными деликатесами… до сих пор слюнки текут.

Собравшиеся старались как могли, но к окончанию банкета поддоны с едой выглядели по-прежнему полными. Тут у Фейгина заговорила та часть его души, которая не была русской. Он сообразил, что еда очень пригодится на воскресном заседании. Но оно должно было проходить совсем в другом месте, и на ночь запасы пищи следовало пристроить у кого-то в холодильнике. У кого? – конечно же, у безотказной Тани.

О том, как мы с Игорем грузили эти бесконечные поддоны в машину, везли их по скоростному шоссе со скоростью похоронного катафалка и потом таскали из подземного гаража наверх в квартиру, надо рассказывать отдельно. Как ни странно, довезли все в целости и даже почти не испачкали Танину новенькую "Хонду", только порядочно ее провоняли. Правда, один поддон с особо пахучим паштетом я вместо багажника опустил прямиком в урну, за что Таня должна быть мне благодарна по гроб жизни. Поддоны как раз впритык вошли в холодильник, только ящики с Крисовым пивом пришлось выставить наружу. Крис давно спал. Мы выпили еще по рюмочке за успех операции и тоже легли.

Спал я плохо: мешал излишне плотный ужин и еще ощущение, что кто-то стоит над душой и на меня смотрит. Проснулись довольно поздно, Крис давно уже ушел в гимнастический зал. Завтрак, конечно, не потребовался, на еду даже смотреть не хотелось. Обратным порядком загрузили поддоны с разносолами назад в машину и поехали на воскресное заседание. Там в обеденный перерыв они действительно пригодились.

После обеда гостей повезли на экскурсию по городу, а Таня вернулась домой. Вечером в аэропорту мы вновь встретились. И тут я заметил, что при при каждом взгляде на нас с Игорем, а в особенности на мой живот ее разбирает смех. Совместными усилиями ее удалось расколоть, и Таня поведала нам то, ради чего я и затеял эту длинную повесть.

Итак, ситуация глазами Криса. Рано утром в воскресенье он проснулся с легким беспокойством на душе: не ударит ли Таня в грязь лицом, достаточно ли она подготовилась к тому, чтобы накормить завтраком капризных русских? На кухне заметил, что его пиво почему-то стоит на полу – непорядок, надо убрать. Открыл холодильник... тут-то его и пробило. Мда, подготовилась...

Минут пять Крис тупо пялился в холодильник, пытаясь соотнести увиденное с понятием легкого завтрака для двух человек. Соотнести не удалось. Может, Таня его обманула и пригласила не двоих гостей, а по крайней мере пятьдесят? Крис приоткрыл дверь гостевой спальни и пересчитал головы. Две. Подошел поближе, чтобы оценить комплекцию (в этот момент мне и снилось, что надо мной кто-то стоит). Комплекция у меня не подкачала, но все же ничего сверхъестественного, банальные 90 кг. Никак невозможно себе представить, что в меня войдут десятки килограммов еды. А Игорь – тот и вовсе худой.

Так, сказал себе Крис. Наверно, это такой русский обычай. Наверно, законы русского гостеприимства требуют, чтобы столы ломились в буквальном смысле. О русском хлебосольстве он знал не понаслышке, лукулловы пиры у Таниных друзей напоминали о себе то в печени, то в поджелудочной. Но все же Таня, по его мнению, сильно перестаралась. Крис поморщился, представив себе размеры дыры, которую пробило в семейном бюджете Танино неумеренное гостеприимство. Слегка утешала мысль, что мы не съедим и десятой части, а остатками Крис и Таня смогут питаться ближайший месяц, и еще сэкономить на еде для запланированного на следующие выходные party. С этой мыслью Крис и оправился на тренировку.

Вернувшись, он увидел, что пива на полу опять нет (естественно, мы увезли поддоны и пиво убрали). Открыл холодильник и обалдел окончательно. Съели. Вдвоем. Фунтов восемьдесят по крайней мере. Нет, он ничего не понимает в физиологии русских. Интересно, они все такие или эти двое – специально отобранные уникумы? Когда вернулась Таня, он стал обиняками выспрашивать, что за люди я и Игорь и обладаем ли мы какими-то неизученными наукой особенностями. И какой теме посвящена конференция, не скрытым ли возможностям человеческого желудка? И сколько примерно стоят двадцать фунтов русского салата оливье?

Таня сперва недоумевала, к чему все эти вопросы, но потом смекнула и решила мужа не разочаровывать. Так что будем знакомы, перед вами загадка природы, человек-мусоропровод, поглощающий в один присест сорок фунтов холодных закусок. Фейгин с Розенбляхом уже намекали насчет повторного визита, но я своего согласия пока не давал. А то, боюсь, в случае приезда кое-кого сильно разочарую.

Истории из жизни • 11

II.

ИЗ ЖИЗНИ РОССИЙСКОЙ

СЕМЕЙНЫЕ ЦЕННОСТИ

Семейная легенда. Действующие лица – мои тесть и теща, но поскольку были они тогда совсем юными, буду называть их просто по именам.

На дворе начало пятидесятых. Боря приехал покорять Москву из небольшого южнорусского города. Юноша он всесторонне одаренный и очень положительный, чтобы не сказать идеальный. Студент престижного технического вуза, сталинский стипендиат, профорг курса, спортсмен – словом, если бы не пятый пункт, хоть сейчас на икону. Так же легко и уверенно, как завоевывал высшие баллы в учебе и призы на соревнованиях, он завоевал сердце Анечки, девятнадцатилетней студентки филфака, милой, доброй и очень домашней девочки. Забегая вперед, скажу, что они прожили вместе почти пятьдесят лет, и более гармоничной пары я никогда не видел. Трогательный студенческий роман, походы на каток и в театр, долгие проводы, споры о прозе Трифонова и поэзии Блока. Наконец Анечкина семья решает, что пора бы на мальчика и посмотреть.

О семье чуть подробнее. В трехкомнатной квартире на Волхонке живет девять человек: папа с мамой, бабушка с дедушкой, дядья, тети и сама Анечка, всеобщая любимица, единственная дочь и внучка. Анечкин дед до революции владел небольшой фабрикой и был, вероятно, незаурядным и очень удачливым человеком, потому что в чехарде последующих событий сумел сохранить не только свою жизнь и всех членов семьи, но даже кое-какие остатки имущества, выраженные преимущественно в хрустале и фарфоре. Не бог весть что, но на фоне всеобщей бедности впечатляет.

Глава семьи – не дедушка-фабрикант, а его жена Ирма Михайловна,

Анечкина бабушка. Боря впоследствии называл ее грандтещей. Женщина старой закалки, в том возрасте, когда голова уже заметно трясется, но спина по-прежнему пряма, язык остер, а ум ясен. Сквозь аристократические манеры изредка прорывается местечковый акцент, который нисколько ее не портит. Конечно, ее слово последнее во всех серьезных вопросах, и в первую очередь – в вопросе о том, кто достоин и кто недостоин руки ее драгоценной внучки.

Формальным поводом для Бориного визита стало незначительное, человек на двадцать, семейное торжество. Гостиная полна родственников. За стол пока не садятся, но на него уже выставлены все дедушкины богатства: фарфоровый сервиз знаменитого кузнецовского завода (19 век), бокалы и рюмки прямо с царского стола (в начале 20-х была распродажа дворцового имущества, и дедушка ее не пропустил). Салаты в салатницах, селедка в селедочницах, суп в огромной фарфоровой супнице. Можно снимать кино из буржуйской жизни.

Ирма Михайловна ведет с Борей светскую беседу, эффективности которой позавидовал бы любой следователь на Лубянке. Через пятнадцать минут она уже знает всех Бориных родственников и всю Борину биографию, начиная с двойки в первом классе. И поскольку эта двойка – самое страшное прегрешение, Боря чувствует, что этот экзамен он выдерживает так же блестяще, как и все предыдущие экзамены в своей жизни.

– Боренька, неужели вы только учитесь и сидите на собраниях? Скучно ведь, надо как-то и отдохнуть, поразвлечься.

– Конечно, Ирма Михайловна. Я еще спортом занимаюсь.

– Да? И каким же?

– У меня второй разряд по волейболу и лыжам, первый – по шахматам и спортивной гимнастике.

– Гимнастика? Это где на голове надо стоять? Я бы скорее умерла, чем встала на голову.

– Ну что вы, Ирма Михайловна, это же так просто!

Боря встает и легко, почти без разбега демонстрирует стойку на руках на краю стола. Тренированное тело вытягивается в струнку, элемент выполнен безукоризненно, гости ахают, Анечка замирает от восторга. 10 баллов ровно, Борис Крамер, Советский Союз.

Увы, интерьер квартиры несколько отличался от интерьера спортивных залов. В верхней точке траектории Боря задевает ногой висящую над столом тяжелую хрустальную люстру. Люстра обрушивается на стол, вдребезги колотя кузнецовский фарфор и царский хрусталь. Сверху, добивая оставшееся, валится Боря. Одним движением он довершил то, чего не смогли сделать революция, нэп, эвакуация, Ягода, Берия и Гитлер.

Трехминутная мхатовская пауза. Тихой струйкой сыплются на пол осколки. Апрельской капелью капает суп. Мама держится за голову, папа – за сердце. Анечка выбирает между упасть в обморок и немедленно бежать от позора в Арктику. Прочие родственники застыли в разнообразных позах, но на самом деле все ждут реакции одного человека – Ирмы Михайловны.

Грандтеща не подвела. Боря говорил, что после этого случая зауважал ее на всю жизнь. Она не высказала будущему грандзятю ни одного слова упрека, а всю критику сумела обратить на себя. Она обернулась к мужу и произнесла:

– Сема, и где была моя голова? Ну почему я не спросила про шахматы?

История повторяется. Спустя много лет я попал в дом Бори и Анечки в качестве жениха их младшей дочери. Я был таким же, как Боря, провинциалом и студентом технического вуза, хотя, конечно, не столь блестящим. Я никогда не занимался гимнастикой. Зато в первый же вечер решил продемонстрировать свое умение мыть посуду, и последние три тарелки кузнецовского сервиза погибли от моих рук. И, конечно же, Анечка не упрекнула меня ни одним словом.

После этого от дедушкиных богатств остались только несколько золотых десяток, которые были припрятаны совсем уж на черный день – и, увы, дождались этого дня на рубеже тысячелетий, когда были потрачены на безумно дорогие, но уже абсолютно бесполезные лекарства сперва для Анечки, а через год и для Бори. Светлая вам память.

P.S. Сегодня мои дочки прочитали этот рассказ, младшая спрашивает:
– Пап, а помнишь, у нас есть два старинных бокала. Это из того набора?
– Да, – говорю, – из того самого.
– А почему ты про них не написал?
– Да как-то так, не пришлось к слову. Не вписались они в сюжет.

И тут я понимаю, что жизнь – гораздо лучший сценарист, чем мы о ней думаем. Просто не всегда ее замыслы сразу понятны.

– Знаешь, дочь, – говорю, – почему уцелели эти бокалы?
– Почему?
– Твоего жениха дожидаются

ПЛАСТИКОВАЯ УРЕТРА

История подлинная и даже имена вопреки традиции не изменены. Потом поймете, почему.

Я познакомился с Юрием году так в 95-96м, при не самых веселых обстоятельствах – в урологическом отделении одной московской больницы. Несмотря на довольно сильные боли и предстоящую операцию, он находился в радостно-возбужденном состоянии и всем встречным-поперечным пересказывал свою историю. Я в тот момент был прикован к койке и вынужденно выслушал ее раз 8 самое меньшее.

За сорок с лишним лет до нашего знакомства Юра, тогда четыр-надцатилетний ленинградский школьник, катался на лыжах с крутой горы и со всего маху налетел на торчавший из земли металлический штырь. Остался жив, но канал между мочевым пузырем и собственно членом, по-научному уретру, расколотил вдребезги. Из-за тяжести травмы он попал не в обычную больницу, а в клинику при каком-то научном институте, чуть ли не при Академии меднаук. Академики почесали бороды и вынесли вердикт: остаток лет Юре предстояло доживать в виде резинового ежика, с дырочкой в правом боку, выведенной в нее трубкой и резиновым мешком-мочесборником. Можно представить, что это означало для 14-летнего пацана. Полное крушение надежд и планов, хуже смерти.

На Юрино счастье, один молодой доктор выдвинул безумную идею: сделать ему искусственный канал из входившего тогда в моду, но почти не применявшегося в медицинских целях пластика. По тем временам это был не просто смелый эксперимент, а запредельная дерзость, сравнимая с полетом на Луну в 20-е годы. Тем не менее план был принят, продуман до мелочей, доктор оказался блестящим хирургом, и к осени Юра выписался из клиники здоровым человеком.

Через несколько месяцев вернулся из плавания Юрин отец, моряк. Он тут же заявил, что доктора необходимо отблагодарить: написать в газету или хотя бы подарить бутылку коньяка, а лучше и то и другое. Но тут выяснилось, что Юра не помнит ни имени, ни фамилии доктора. Смешная такая фамилия из трех букв. Шир? Моз? Бут? В общем, что-то вроде этого. Ладно, сказал отец, в лицо-то ты его помнишь? Поехали в клинику.

В клинике Юра испытал настоящее потрясение. В отделении не оказалось ни одного знакомого лица, вместо ставших родными академиков и докторов мелькали какие-то чужие рожи, в основном женские. Юра набрался храбрости и обратился к одной тетке:

– Не знаете, тут такой молодой доктор был? В очках, кучерявенький?

– Хватился! – ответила тетка. – Погнали всех кучерявеньких поганой метлой. Вредители они. Товарища Сталина отравить хотели.

Последующие сорок лет Юрий прожил крайне напряженной жизнью. Работал на всесоюзных стройках. Спал на снегу. Проваливался с машиной под лед. Пил горючие смеси самого невероятного состава. Заимел двух сыновей от законной жены и неизвестно сколько по городам и весям. И никогда пластиковая уретра его не подводила, работала лучше натуральной.

Но ничто под луной не вечно. Что-то там стало разлагаться и зарастать. Начались боли, каждый поход в туалет превратился в пытку. Юрий к тому времени оброс достаточным количеством денег и связей, чтобы обеспечить себе попадание практически к любому специалисту. Но то ли ему не везло, то ли случай был действительно сложный. Оперировать никто не брался. Вновь предложили дырочку с трубочкой до конца дней, а в качестве временной меры – веселенькую процедуру под названием бужирование. Я эту радость пережил один раз и до сих пор вспоминаю с содроганием. А Юрий прошел через нее раз 10, со все сокращающимися интервалами. Когда частота бужирования дошла до двух раз в месяц, начались психические проблемы. Точнее говоря, один бзик.

Он вбил себе в голову, что единственный, кто может его спасти – тот молодой доктор из детства с забытой фамилией. Прекрасно осознавал, что скорее всего тот давно умер или вышел на пенсию, а если и нет, то найти его невозможно, но ничего с собой поделать не мог. Обратился даже к известному психологу-гипнотизеру в надежде, что под гипнозом сумеет вспомнить фамилию доктора. Не вспомнил, но возникло стойкое ощущение, что фамилия – вот она, рядом, только руку протяни. До умопомрачения перебирал трехбуквенные слова, но заколдованная фамилия все время ускользала.

Однажды утром Юрий отмокал в ванне (горячая вода притупляет боль), а его старший сын, турист-любитель, собирался в очередной поход. И между делом спросил:

– Пап, ты не видел мой кан?

– Что-что?

– Ну кан, котелок такой плоский.

И тут Юрий сильно удивил домашних, в точности повторив подвиг Архимеда. Он выскочил из ванны и стал телешом носиться по комнатам, оставляя всюду лужи и крича:

– Кан! Кан! Ну конечно, Кан!

– Что – кан? – спосили домашние.

– Фамилия доктора Кан! Как это я раньше не вспомнил?

Всемогущего Интернета тогда еще не было, но справочная система в

Минздраве существовала. Через несколько дней действительно нашелся доктор Кан, профессор-уролог, правда, в Москве, а не в Питере. Нашлись и люди, устроившие Юрию консультацию у профессора.

При первом же взгляде на доктора стало ясно, что доктор не тот: выше, шире в плечах, а главное – очень уж молод, заметно моложе самого Юрия. Но что-то знакомое в чертах имелось. В разговоре все мгновенно выяснилось. Настоящий спаситель Юрия, Дмитрий Вавилович Кан, благополучно пережил товарища Сталина, вернулся к медицинской практике и занимался ею много лет, но до середины 90-х все же не дожил, умер за несколько лет до этого. А человек, стоящий сейчас перед Юрием, – его сын, унаследовавший профессию отца, Яков Дмитриевич Кан.

Дальше хеппи-энд. Юрин бзик сделал ему поблажку, позволив за неимением отца довериться сыну. Кан-младший оказался достойным преемником Кана-старшего, операция прошла успешно, призрак резинового ежика отступил лет на двадцать по крайней мере. И самое главное. Кан-младший оперировал не только Юрия, но и меня, очень удачно и очень вовремя. Фактически он спас мне жизнь, едва не загубленную предыдущими горе-лекарями. Я давно не живу в Москве, связей с ним не имел. Сейчас порыскал по Интернету – жив-здоров Яков Дмитриевич, по-прежнему лечит и учит. Пусть этот рассказ послужит ему благодарностью и приветом.

ПИРАТ ПОВЕСИЛСЯ

Философская такая история. Отец рассказывал.

В начале 50-х он служил в армии, охранял нефтяной склад на полуострове Мангышлак. Командир части (звания не помню, пусть будет капитан) у них был неплохой в принципе мужик, фронтовик, боевой офицер. Но не повезло человеку с женой. Солдаты уже знали: после семейного скандала ему на глаза лучше не попадаться, убьет насмерть за малейшую провинность или за просто так. А скандалы жена ему устраивала через день.

А еще в части был пес по имени Пират. Обыкновенная дворняга, сидел на цепи за кухней, там же и довольствие получал. Но из-за полного отсутствия каких-либо развлечений и жуткого, говоря современным языком, эмоционального голода все любили этого Пирата просто ненормально. Командир тоже в нем души не чаял, каждый день лично проведывал и подкладывал что-нибудь вкусненькое в его миску.

И вот однажды Пират, вконец одурев от безделия, жары и запаха нефти, стал бросаться на воробьев, садившихся на невысокий заборчик рядом с его будкой. Бросался-бросался и при очередном броске не рассчитал, перелетел через заборчик и повис на натянувшейся цепи. До земли не достал, и цепь задушила его насмерть.

Мой отец в этот злополучный день как раз дежурил по части. Обнаружив удушенника, он помимо понятного сожаления испытал настоящий ужас при мысли, что ему придется докладывать командиру о смерти любимца. Зная нрав командира и его сегодняшнее более чем мрачное настроение, ожидал для себя за дурную весть по меньшей мере гауптвахты. Но делать нечего, пошел докладывать.

– Товарищ капитан, за время моего дежурства происшествий не было, кроме одного.

– Ну? – командир поднял тяжелый взгляд от стола.

Отец собрался с духом и выпалил:

– Пират повесился!

Командир посмотрел на него, переваривая сказанное. Пожевал губами. Вздохнул. И произнес одну только фразу:

– Не от хорошей жизни, наверно.

И вновь, уткнувшись в стол, вернулся к своим мрачным мыслям.

КАК ЗЯМА ЕЗДИЛ В СОХНУТ

Слышали, конечно, такой анекдот. Еврей едет в трамвае:

– Скажите, ви виходите?

– Да.

– А впереди вас виходят?

– Выходят.

– А ви их спрашивали?

– Спрашивал, спрашивал!

– И что вам ответили?

Так вот, я знаю этого еврея из анекдота. Это мой дальний родственник, зовут его, например, Зяма. Живет Зяма в белорусском городе (очень хочется написать "например, в Бобруйске"), в малогабаритной квартире, загаженной по самое не могу, с перманентно неработающим унитазом. Чертит что-то на кульмане за копейки. Постоянно всем жалуется, что дальше так жить невозможно, надо что-то срочно менять, что-то делать.

– Ну так давай, – говорят ему. – Меняй, делай.

– Нет, так сразу нельзя, – отвечает Зяма. – Надо все хорошенько обдумать.

И обдумывает. Лет тридцать уже обдумывает, и все ни с места.

История, вошедшая в семейные хроники – как Зяма ездил в Сохнут. Приехал он в Минск, к сестре в гости. Привез поручение от кого-то из знакомых – зайти в Сохнут (еврейское благотворительное агентство), что-то там выяснитть. Бумажка с адресом у него есть, но ехать просто по адресу Зяма боится – а вдруг не найдет.

– Спросишь там у кого-нибудь, – предлагает сестра.

– А если они не знают? И потом, как можно спрашивать у случайных людей? Они же узнают, куда я иду.

– Ну и что?

– Как что?! Они подумают, что у меня есть дела с Сохнутом!

– Да ладно, – утешает сестра, – за это уже давно не сажают.

Зяма обреченно машет рукой: как можно разговаривать с человеком, который не понимает элементарных вещей?

– Слушай, – вспоминает сестра, – кажется, я знаю, где это. Люська (подруга) недавно ездила. Такой-то автобус, такая-то остановка, где-то там во дворе, в арке.

– Ну это же неточно, – морщится Зяма. – Будь другом, позвони Люсе, узнай подробнее.

Сестра звонит Люсе. Та повторяет инструкцию почти слово в слово: сядешь в такой-то автобус, выйдешь на такой-то остановке, там будет двор, во дворе арка, в арке две двери, одна обита вагонкой, другая нет, Сохнут – это обитая. Зяма требует передать трубку ему, еще раз выслушивает описание маршрута непосредственно от Люси и подробно записывает. Потом кладет трубку и долго с сомнением смотрит на бумажку.

– Ну что еще? – спрашивает сестра.

– Как-то она все-таки неуверенно говорила... А нельзя где-нибудь совсем точно узнать?

Сестра чертыхается, через ту же Люсю выясняет телефон Сохнута, набирает номер, спрашивает: "Как вас найти?" и передает трубку Зяме. Тот в четвертый раз выслушивает ту же самую инструкцию: автобус... остановка... двор, арка, две двери, обитая – это мы.

– Ну что, – спрашивает сестра, – теперь поедешь?

– Поеду, – обреченно соглашается Зяма.

– Найдешь?

Зяма неопределенно хмыкает и пожимает плечами.

Наутро сестра отправляется на работу, а Зяма – в многострадальный Сохнут. Вечером сестра возвращается и видит, что Зяма сидит на диване и смотрит телевизор.

– Ездил? – спрашивает она.

– Ездил.

– Нашел? Все было по описанию?

– Да, все по описанию. Двор, арка, две двери, одна обитая.

Истории из жизни • 19

– И что ты выяснил?

Зяма долго молчит, наконец сознается:

– Я туда не зашел.

– Но почему????

– А вдруг там не Сохнут?

СОКОЛИНЫЙ ГЛАЗ

В детстве у нас была любимая игра – в ножички. Настоящего ножа ни у кого не было, играли обломком напильника, который нашли около гаражей и заточили о камень. Во дворе стояла полуразваленная деревянная хибара. Мы нарисовали на стенке мишень и целыми днями кидали в нее напильник – с правой, с левой, с оборотом, с двумя, через спину и еще черт-те какими способами. Наловчились так, что хоть в цирке выступай.

Когда темнело и мишени становилось не видно, начинали травить байки. Травил в основном я, как самый начитанный. Чаще всего пересказывал любимого Фенимора Купера, про Чингачгука и Натаниэля Бампо по прозвищу Соколиный Глаз. Тогда как раз вышел фильм с Гойко Митичем, но в книге приключений было больше, а я еще и от себя добавлял. Между прочим, учитывая наше главное увлечение, приписал Соколиному Глазу, помимо общеизвестной меткости в стрельбе, такую же меткость в метании ножей и томагавков. Ребятам нравилось, слушали открыв рот.

В то лето взрослые вдруг перестали разрешать наши ночные посиделки и стали загонять домой с началом сумерек. Шли смутные слухи о каком-то маньяке. Мы по малолетству не очень представляли себе, что это за маньяк и чем он занимается, но от неизвестности было еще страшнее. Много позже я где-то вычитал, что в наших краях тогда действительно орудовал псих-педофил, нападавший на мальчиков. Но не в нашем городе, а в соседнем, так что родители зря паниковали.

Был у нас такой Димка Юхан. Юхан – это прозвище, он очень ушастый был. Мелкий совсем пацан, лет семи, но в ножички играл отменно. На ночь напильник отдавали ему на хранение: родители наших игр не одобряли, могли отобрать и выкинуть, а у Юхана отца не было, мать возвращалась поздно, да и баловала его, так что наше оружие было в безопасности.

Той ночью Димка никак не мог заснуть. Радио у соседей давно отыграло гимн Советского Союза, а мама все не возвращалась. Давил страх: первый этаж, окно открыто из-за жары, вдруг кто-нибудь заберется и схватит. Вдруг он не то услышал, не то почувствовал что-то во дворе. Дрожа подкрался к окну и выглянул.

Наш дом стоял буквой "Г", и около внутреннего угла выступал еще козырек подъезда. Получался закуток, видимый только из нескольких ближайших окон, и то если хорошенько высунуться. И в этом закутке здоровенный мужик, прижав к стене женщину, что-то с ней делал. Маньяк, с ужасом догадался Димка.

В следующее мгновение он узнал в женщине свою маму. Страх тотчас исчез, уступив место холодному расчету. Маму надо было спасать. Димка бесшумно нащупал напильник, заныканный как раз на батарее под подоконником. Высунулся подальше, чтобы не мешала створка окна. Тщательно прицелился и метров с восьми метнул напильник в маньяка. В полоску голого тела, белевшую в темноте между пиджаком и приспущенными штанами. Понял, что попал, и отпрянул в глубь комнаты. Рев раненого бизона, разбудивший весь двор, застал Димку уже под одеялом.

Через минуту щелкнул дверной замок. Притворно зевая, Димка высунулся в коридор. В дом вошла мама, живая и невредимая, но непривычно румяная. А следом (Димка похолодел) в прихожую ввалился маньяк. Он сильно волочил ногу и держался обеими руками за задницу. Описать выражение его лица я не возьмусь. Сами попробуйте вообразить лицо человека, в которого на пике страсти воткнули ржавый напильник.

– Дима, – строго сказала мама, – это дядя Женя. Он меня (маленькая заминка) провожал, и какой-то хулиган (по интонации Димка понял, что мама обо всем догадалась, но его не выдаст) ранил его в (опять маленькая заминка) спину. Сбегай в седьмую квартиру за докторшей.

Потом врачиха ушла, а привитый от столбняка и перебинтованный пострадавший остался у них ночевать. Он не ушел и назавтра, и напослезавтра, и через неделю. Осенью весь двор гулял на свадьбе, а спустя положеный срок у Юхана родилась маленькая сестренка.

Дядя Женя быстро с нами сдружился. Подарил новый напильник взамен конфискованного врачихой. Иногда играл со старшими ребятами в футбол и, несмотря на легкую хромоту, запросто обводил лучших дворовых защитников. На вопрос, почему он хромает, с гордостью отвечал, что это плата за семейное счастье. Впрочем, людей, не знающих происхождения дяди-Жениной хромоты, в городе скоро не осталось.

А Димка после того случая навсегда потерял обидное прозвище Юхан и приобрел новое, намного более лестное – Соколиный Глаз.

ПОВЕСТЬ О ПЕРВОЙ ЛЮБВИ

Тут один не в меру внимательный читатель заметил, что у меня в каждой истории либо еврейский вопрос, либо кто-нибудь за кем-нибудь подсматривает. Интересовался, что бы это значило с точки зрения современной психиатрии. А у меня, как нарочно, следующая история сразу и про подглядывание, и про евреев. Все, хана, вызывайте перевозку. Но историю я все равно расскажу.

Вокруг нашего города было несколько пионерлагерей. Два лучших, расположенные на берегу озера, принадлежали стройтресту и мясокомбинату. Между ними шла постоянная война, усугублявшаяся тем, что этим же двум организациям принадлежали городские футбольные команды. Мои родители не имели никакого отношения ни к кирпичам, ни к сосискам, но друг отца, дядя Фима Рахлин, был каким-то строительным начальником и каждый год доставал две путевки – для меня и для своей дочки Риты, моей одноклассницы. Кажется, он отвечал за состояние дорог, потому что перекресток, на котором круглый год стояла самая большая в городе лужа, называли "площадью Рахлина".

Рита потом пополнела и подурнела, но тогда, в детстве… Тоненькая, большеглазая, золотисто-смуглая, умная и насмешливая – она очаровывала всех. Я был в нее влюблен пламенно и тайно, даже не с первого класса, а с четырех или пяти лет, когда впервые попал к ним в гости и мы вдвоем строили сказочной красоты дворец из разноцветных пластмассовых кирпичиков. У меня дома был похожий набор, но много беднее и хуже, кирпичики в нем сцеплялись крайне неохотно и легко разваливались. А дядя Фима, как я сейчас понимаю, сумел где-то достать настоящее Лего. Рита о моих чувствах не догадывалась и была сильно удивлена, когда я, спустя уже порядочно лет после окончания школы, упомянул о них в случайном разговоре. Не в тему, но не могу не вспомнить, что именно у Рахлиных я впервые прочел Булгакова, услышал Окуджаву и Кима.

Лагерные смены были счастливейшими периодами моего детства, не в последнюю очередь потому, что давали возможность каждый день видеть Риту не в глухом школьном платье, а в голубой пионерской рубашке с коротким рукавом, в ситцевом сарафанчике и даже в купальнике на берегу озера. Слегка огорчало то, что сосед по парте Мишка Гохберг (вот почему мой лучший друг и любимая девочка были единственными в классе евреями? видит бог, я не отбирал их по этому признаку); так вот, его отец работал на мясокомбинате, и Мишка проводил летние месяцы через забор от меня, во вражеском лагере. С другой стороны, это давало хорошую отмазку от участия в боевых действиях. На самом деле я элементарно трусил, но оправдывался перед собой и другими тем, что не хочу бить друга: Мишка, наоборот, отличался воинственностью и всегда был в первых рядах нападавших.

Это было после шестого класса. Тринадцать лет, самый жеребячий возраст. Не удивительно, что на первом же ночном совещании в спальне мальчиков было решено организовать подглядывание за девчонками в бане. Мыться ходили поотрядно. Баня представляла собой деревянный барак, состоявший из трех отсеков с раздельными входами: посредине собственно баня, справа кочегарка, а слева – довольно большое пустое помещение, которое я за неимением лучшего термина назову подсобкой. В ней валялись черенки от лопат и еще какие-то палки, а по центру от пола до потолка шла металлическая труба примерно полуметрового диаметра и совершенно непонятного назначения. И главное, в стене, соединявшей подсобку с банным отсеком, имелось окошечко. Видимо, в прошлой жизни баня служила столовой, подсобка – кухней, а через окошечко осуществлялась раздача.

Сейчас окошко было забито фанерой и закрашено, но разве это препятствие для десятка озабоченных пионеров? Фанеру немедленно расковыряли и обнаружили под ней слой стекла, закрашенного с обратной стороны. Отскрести краску можно было только во время собственной помывки. Что и было с успехом проделано, но к тому времени не помытым по первому разу остался только седьмой отряд, шестилетние малявки. Смотреть там было не на что, тем не менее двое добровольцев сходили на разведку, вернулись и доложили, что система работает. Осталось ждать начала второго помывочного цикла через десять дней.

И вот торжественный день настал. Девчонки в сопровождении воспитательницы и вожатой отправились мыться, группа злоумышленников забралась в подсобку. Первый приник к глазку, присмотрелся и вдруг сплюнул в крайнем разочаровании:

– Блин, они все в купальниках!

Должно быть, за десять дней кто-то проболтался (были среди нас предатели, гулявшие под ручку в дальних аллеях), и девочки приняли контрмеры. Заговорщики по очереди прикладывались к глазку, своими глазами убеждались в крутом обломе и отходили. Я приложился последним... и остался. В поле зрения попала Рита, и я даже не заметил ухода ребят.

Если бы я снимал фильм, то в этом месте сделал бы так. Плеск воды и гомон девчонок постепенно стихают, остается тихая музыка. Расплываются очертания других тел, лавок и шаек. В кадре – только девочка в дымке банного пара. Тут нет пищи для похоти: она в том же купальнике,

Истории из жизни • 23

в котором я каждый день видел ее на пляже. Это просто очень красиво. Бог знает сколько лет прошло, но закрою глаза – и вижу эту картину.

Мое блаженство было прервано самым мерзким и бесцеремонным образом. Риту заслонил необъятный бюст в синем купальнике, послышался треск отдираемой дверцы. Видимо, я, забывшись, выдал себя каким-то звуком и привлек внимание воспитательницы Веры Дмитриевны. Я едва успел отскочить и спрятаться за трубу, когда Вера Дмитриевна окончательно открыла окошко, всунула голову в подсобку и стала поливать меня бранью и угрозами. Стыдила она мастерски, я мгновенно понял, что более гадкого поступка никогда в жизни не совершал – и уже не совершу, ибо буду с позором изгнан из лагеря и ославлен на весь город, и мной будут пугать детишек.

Дальше она подробно расписала мое будущее... если бы я догадался за ней записывать, то стал бы великим порнописателем. Джек Потрошитель, Ганнибал Лектор и Чикатило дружно отдыхают. Слегка отойдя от шока и частично вернув пылающим ушам их основную функцию, я вдруг осознал, что в своем страстном монологе Вера Дмитриевна не называет меня по имени – точнее, называет, но не моим, а последовательно перебирает имена остальных заговорщиков. Она не успела меня узнать – и никак не могла заподозрить, поскольку я был на хорошем счету.

Сложилась тупиковая ситуация: я не мог выйти из-за трубы и убежать, чтобы не быть узнанным, а Вера Дмитриевна не могла оторваться от окошка, чтобы меня не упустить. Но, увы, в конце концов она поняла, что может позвать кого-нибудь на помощь. И крикнула вожатой, чтобы та оделась и обошла здание кругом. Все, пришла моя смерть. Если бы я был ниндзей, то взбежал бы по трубе до самого потолка... и что? Деваться-то все равно некуда. Нет, если бы я был ниндзей, то схватил бы вон ту острую щепку и сделал себе харакири.

Не стану рассказывать, как мой поступок прорабатывали на пионерском собрании, что мне сказали родители и какими глазами смотрела на меня Рита. Но не потому, что стыдно. Просто ничего этого не было. Как в американских боевиках, спасение пришло в последнюю минуту и с самой неожиданной стороны.

Пока я любовался Ритой и сгорал от стыда за трубой, на воле разыгралась очередная битва между стройтрестовскими и мясокомбинатовскими. Теснимые превосходящими силами противника, стройтрестовские не нашли лучшего выхода, чем забежать в подсобку. Преследователи ворвались за ними, и бой закипел уже в помещении. Смешались в кучу кони, люди, и через мгновение распознать одинокого извращенца в толпе взмыленных бойцов, одетых в одинаковые голубые рубашки, стало уже невозможно. Воодушевленный внезапным спасением от позора, я подхватил какой-то кол, ринулся в гущу боя и обратил врагов в бегство, расквасив нос их предводителю – разумеется, Мишке. За драку нас, конечно, наказали, но это наказание было даже почетно – особенно в сравнении с тем, которого я чудом избежал.

Вроде все. Но еврейская тема осталась не раскрыта, поэтому расскажу еще один эпизод, очень короткий и сюжетно не связанный с предыдущим. В сентябре того же года мы всем классом выходили из школы, и наш главный двоечник и отморозок крикнул Рите вслед:

– Жидовка!

Я уже упоминал, что рос трусоватым мальчиком, драться не умел и не любил. Но тут что-то сработало впереди инстинкта самосохранения. Мой портфель как бы сам собой пришел ему в харю. Он стоял спиной к заборчику, отделявшему двор от пришкольного участка, и завалился за этот заборчик, прямо в свежеполитые грядки. Полноценной драки не получилось: нас разняли ребята, потом он пару дней безуспешно караулил меня в темных углах, потом отвлекся на другие пакости.

С точки зрения психологии тут интересны два момента. Во-первых, фамилия отморозка была Штрукман, но за восемь школьных лет (в девятом он ушел в ПТУ) ни мне, ни кому-либо еще не пришло в голову заподозрить в нем еврея. Срабатывал стереотип: ну не бывают евреи такими.

А во-вторых, не будь второго эпизода, я никогда не решился бы рассказать о первом. Умер бы от стыда.

ДА, БЫЛИ ЛЮДИ В НАШЕ ВРЕМЯ...

Первое и единственное публичное выступление Алика в школьные годы состоялось в четвертом классе.

Готовился праздничный концерт школьной самодеятельности: стихи, песни, сценки, танцевальные номера и прочее. Начать решили, как большие, с доклада, который и поручили Алику, мальчику с феноменальной памятью. Две странички общих фраз были одобрены классной руководительницей, затем завучем и выучены Аликом наизусть: шпаргалками в те времена еще не пользовался даже сам Леонид Ильич. В докладе бегло упоминались славные страницы российской истории и в конце цитировались строчки из Лермонтова – про то, что были люди в наше время. Никто не разглядел в этой цитате бомбы замедленного действия.

И вот концерт. Народу в зале полно: старшеклассники, младшеклассники, родители, специально приглашенные ветераны войны и труда. За кулисами тоже столпотворение: все занятые в концерте плюс вожатые плюс учителя плюс куча добровольных помощников. Конферансье объявил начало, Алик, вытолкнутый на сцену, прошел к трибуне...

Обычно такие рассказы заканчиваются тем, что выступающий, потерявшись, забывает или путает слова. С Аликом этого случиться не могло. Круглый отличник, он привык отвечать урок в любых условиях, не отвлекаясь на занимающийся своими делами класс. Вот и сейчас он мгновенно отключился от гудящего зала, от света софитов, от возни за кулисами. Просто перестал все это видеть и слышать. Громко и четко, безо всяких актерских изысков он отбарабанил текст доклада, продекламировал «были люди»... и не остановился. Команды, «достаточно, пять» не прозвучало, а что отвечать дальше, было совершенно очевидно: «Бородино» он знал до последней запятой.

Стихотворение «Бородино» довольно длинное. Наверное, его не так легко прослушать целиком даже в исполнении великого Юрского, а тут Юрским и не пахло. К пятой строфе в зале началось покашливание и перешептывание, к шестой – смешки, к восьмой – свист и топание ногами. Из-за кулис уже не шептали, а кричали в голос: «Алик, заканчивай!» Но Алик был непоколебим. Он впал в состояние, сходное с состоянием глухаря на току. Все окружающее виделось и слышалось как сквозь туман, и единственной путеводной звездой в этом тумане сверкали бессмертные лермонтовские строки.

Лучший друг Вовка Медведев пригнувшись пробежал по сцене и попытался за фалды школьного пиджачка сдернуть Алика с трибуны. Не тут-то было. Ни на мгновение не переставая декламировать, Алик отмахнулся от него левой рукой, потом правой, потом вцепился обеими руками в трибуну и лягнул ногой куда-то назад. Ушибленный Вовка покатился по сцене и уполз за кулисы. Зал уже лежал.

На этом наступило некоторое затишье. И зал, и кулисы решили смириться с неизбежным и дотерпеть до последней строфы, благо оставалось уже немного. Но Алик превзошел их ожидания. Покончив с «Бородином» и даже не переведя дух, он объявил: «А еще Лермонтов написал поэму "Мцыри"!». И погнал с самой первой строчки.

На сцену, уже не скрываясь, вышли два десятиклассника, взяли Алика за руки – за ноги и унесли за кулисы. Там он еще бормотал некоторое время, пока не перешел на плач. Концерт кое-как продолжился, но был сильно скомкан.

Из этого случая Алик вынес некоторую неприязнь к творчеству Лермонтова и сильную неприязнь к публичным выступлениям. Самое удивительное, что каких-нибудь восемь лет спустя он снова оказался на сцене. Но это уже совсем другая история.

АБАЙ ВСТРЕЧАЕТ НОВЫЙ ГОД

Жили-были в одной из союзных республик три закадычных друга. И была у них привычка встречать Новый год вместе. Пока однажды не обнаружилось, что за минувший год все трое обзавелись девушками. Было им тогда лет по 20, а в этом возрасте шанс развести подругу на праздничный секс ценится куда выше мужской дружбы. Поэтому постановили новогоднюю ночь провести врозь, но первого утром непременно встретиться и доложить об успехах.

Двое встретились, доложили, а вот третий, Абай, подзадержался. Он вообще-то русский парень, но имел неосторожность отпустить маленькую квадратную бородку и стал жутко похож на памятник народному поэту Абаю Кунанбаеву. Бородку потом сбрил, но прозвище уже не отлепилось.

Абай явился с опозданием часа на три и выглядел странно. Двигался враскоряку, словно только что проскакал сто верст на неоседланной лошади, шея свернута набок, взгляд расфокусирован. После бутылки портвейна он кое-как пришел в себя и смог рассказать, что с ним случилось.

Парни, сказал Абай, ну вы мою Вальку знаете. Папаша – ментовский полковник, воспитана в строгости. В этом году, говорит, ни-ни, никакого секса. А в следующем? – спрашиваю. В следующем так и быть, согласна. Ну, я такой случай упустить, конечно, не мог. Предки ее ушли праздновать к знакомым, я тут же явился.

До двенадцати сидели культурно, голубой огонек смотрели, а только пробили куранты – я сразу на нее. Обещала – выполняй. А она и сама уже еле терпит. Как обнялись – как будто молния пролетела. Лифчик направо, трусы налево, Вальку на диван, а сам чего-то к окну отошел. Разгон, что ли, взять.

И в этот момент слышу, что открывается дверь, и голоса в прихожей. Отец ее с корешами. Валька с лица спала, с дивана тоже слетела, похватала с пола одежды и шасть в свою комнату. Мне бы за ней и куда-нибудь под кровать заныкаться. А я, дурак, на балкон. Голый, как был. Насмотрелся фильмов, где любовники с балконов сигают.

А у них четвертый этаж. Прыгнешь тут, как же. Балкон застекленный, типа лоджия, так что чувствую, что сразу я от холода не помру. Помру постепенно. На балконе столик с пепельницей и здоровый шкаф самодельный. Открыл дверцу – там типа кладовка, полки с банками, грибы,

Истории из жизни • 27

огурчики, все такое. Полки мне где-то по грудь, выше пустое пространство и висит всякая хренотень на гвоздиках. Но тряпок никаких нет, наготу прикрыть нечем.

Ну, мерзну, прыгаю, ноги поджимаю, через щель в занавеске посматриваю в комнату. Кореша расположились всерьез и надолго. Водочку разливают. Видимо, сленяли от жен, чтобы выпить в спокойной обстановке. Уходить не собираются. Я остываю потихоньку. И тут вижу, что один из них встает и достает сигареты. И понимаю, что курить они пойдут на балкон! Больше некуда. Все, мне трындец.

В такие моменты соображаешь быстро. В шкаф! Взлетаю на верхнюю полку, ноги расставил и кое-как втиснул между банками, сверху потолок упирается, сзади гвозди. Неудобно аж жуть, но жить захочешь — еще не так раскоряченшься.

И только двецу прикрыл, они на балкон вышли. Продолжают разговор, один спрашивает:

— А что Валька?

Папаша с гордостью:

— А с Валькой у меня разговор короткий. Пока институт не кончит, никаких хахалей. Я ей сразу сказал: увижу с кем — пусть сразу венок заказывает.

И засмеялся мерзко. А я в шкафу даже дрожать боюсь.

Ни одна сигарета в моей жизни не тянулась так долго. Пока они докурили, я проморозился насквозь, как курица в морозилке. Шевелиться же нельзя. А когда докурили, я понял, что это был еще не трындец, а цветочки. Потому что папаша сказал:

— А чего нам в комнату возвращаться? Там душно. Тащите водку сюда, посидим на свежем воздухе.

И вот стою я в шкафу и про себя отмечаю: вот уже ног по колени не чувствую... вот выше... вот задница отнялась... Когда меня найдут — реанимация уже не примет, сразу на кладбище. Только я раскоряченный в гроб не войду, ломать придется. А эти трое все пьют и базарят все на одну тему: какой Валькин папа крутой чувак, как он дочку строго содержит и как хреново придется тому, кто к ней подойдет на расстояние аперкота. А я все это слушаю. Очень вдохновляет.

Но и это был еще не трындец. Трындец настал, когда у них кончилась закуска. И папаша говорит радостно:

— Да у меня тут в шкафу чудные помидорчики!

И идет к шкафу.

На мое счастье, у него там дверца не во всю ширину шкафа, а по бокам как бы мертвая зона. И мои ноги растопыренные оказались как раз в этой зоне. Трезвый он бы меня все равно увидел, а так — нет. Сунул голову в шкаф точнехонько у меня между ног и давай банки перебирать, искать свои помидорчики. А я стою и только думаю: хорошо, что мои собственные помидорчики от холода втянулись внутрь организма, а то бы он их обязательно башкой задел.

Каким-то чудом он меня так и не заметил. Вытащил банку с помидорами прямо у меня из-под пятки и ушел с корешами обратно в комнату. Даже шкаф не закрыл. Но пока он у меня между ног ковырялся, я десять раз вспомнил и папу, и маму, со всем белым светом попрощался и у всех прощения попросил. Посмотрите, у меня голова не седая?

Я потом еще в шкафу постоял. Не знаю, сколько, времени уже не чувствовал. Можно было и вылезать, но так задубел, что тело не слушалось. Тут открывается балконная дверь и влетает Валька. В ночной рубашке, бледная как смерть. Кидается к перилам, свешивается вниз и что-то долго высматривает. Потом робко зовет:

– Абай! Абай!

Это она подумала, что я с балкона упал. А действительно, что ей еще думать. Я хочу ее окликнуть, но голоса нет. Получился какой-то скрип. Она оборачивается и видит меня на верхней полке. Голого, растопыренного как замороженная лягушка, и из-под мышек гвозди торчат.

Она, должно быть, решила, что отец меня поймал, убил и распял внутри шкафа. Потому что побледнела еще больше и стала оседать. Но потом совладала с собой и начала меня из шкафа вытаскивать. У нее плохо получалось, потому что я весь заледенел и не гнулся. Но она все же справилась, приволокла меня в кровать и укрыла одеялом. А когда я чуть-чуть оттаял, говорит:

– Мама звонила, они с папой там заночуют и сегодня уже не придут. Давай продолжим?

И вот тут настал уже самый полный и бесповоротный трындец. Потому что сколько мы ни мучились, ничегошеньки у меня не получилось. Я только себе между ног посмотрю, тут же вспоминаю, как там папашина голова оказалась. И у меня сразу все желание падает.

Надо сказать, что Абай еще относительно дешево отделался. Следующий Новый год он встречал уже с другой девушкой, и вполне успешно. И в дальнейшем не жаловался. Только вот балконы разлюбил навсегда.

ДЕРЖИ СПИЧКИ СУХИМИ

Благословенные восьмидесятые. Компания студентов рассаживается в электричке, чтобы ехать в нститутский профилакторий. Все радостно

Истории из жизни • 29

возбуждены: предстоит беззаботная, полная приключений неделя. Великий и достославный бабник Вадим громогласно спрашивает у такого же бабника Тохи:

– Чувак, а ты презервативы взял?

– Обижаешь, чувак, – в тон ему отвечает Тоха. – Конечно, взял. Куда ж я без них? Первая вещь в хозяйстве.

И тут же прикусывает язык, потому что рядом с ним у окна сидит белокурый ангелочек Личика, нежное и воздушное создание, невинное до глупости. На которую Тоха имеет самые суровые виды, но Лиличка пока об этом не знает.

– Ребята, – ангельским голоском спрашивает Лиличка, – а зачем вам презервативы?

В ответ неловкое молчание. Но тут вступает еще один член компании, многомудрый Михалыч.

– Лиличка, – проникновенно говорит он, – вот представь, приедем мы в профилакторий. Так?

– Так.

– Познакомимся там с ребятами и девочками с другого факультета. Так?

– Так.

– А у них, например, плот или байдарка. И они нам предложат сплавиться по реке. Так?

– Ну... так.

– Так вот, – заключает Михалыч. – Спрашивается: если не будет презервативов, то куда мы будем засовывать спички, чтобы они не промокли?

В общем, все кончилось хорошо. И спички остались сухими, и Тоха с Лиличкой к пятому курсу поженились.

ДИТЯ РАЗНЫХ НАРОДОВ

Во времена моего студенчества с нами тусовалась одна удивительная девушка, Соня Гоф. Ее мать была обычной московской еврейкой, а отец – прогрессивным деятелем из Черной Африки, незадолго до Сониного рождения высланным за какие-то грехи обратно в джунгли. Родительские гены смешались в Соне самым восхитительным образом: копна черных кудрей а-ля Анджела Дэвис, очень темная кожа и при этом тонкие и правильные европейские черты лица. Фигурка у нее тоже была выдающаяся, особенно в области первых и вторых 90, но не вульгарно выдающаяся, а в самый раз. В общем, родись Соня в более подходящей стране и будь сантиметров на 10 повыше, никто бы никогда не узнал о Наоми Кэмпбелл. Помимо красоты, она отличалась еще большой раскованностью и при подходящем случае охотно демонстрировала свое тело.

Однажды у нас в институте устроили конкурс студенческой самодеятельности. Не КВН: старого КВНа тогда уже не было, а нового еще не было, но что-то подобное под названием "Весна на факультетах". Соня с нами не училась, из участников самодеятельности ее знали только я и еще один парень, но не использовать на представлении такую фактуру было бы смертным грехом. Привели, показали. Все пришли в восторг, тут же сочинили шибко оригинальный сюжет о том, как профессор, аспирант и студент попадают в плен к людоедскому племени, написали текст, основанный на древних студенческих анекдотах.

"Дикарей" одели в обтягивающие черные трико и набедренные повязки из мочала, лица и руки тщательно замазали гримом. Вождя племени играл Боря Мебель, двухметровый губастый парень, явно потомок одесских биндюжников. Когда его выкрасили, вышел такой роскошный вождь, что хоть сейчас отправляй в Африку резать хутту. Остальные туземцы тоже неплохо получились.

Гвоздем номера стал финальный танец туземных девушек в исполнении Сони и еще двух девчонок. Соня, чтобы полностью использовать свои природные данные, даже не стала надевать трико, только лицо подкрасила, чтобы не блестело от пота. С самого начала было заметно, что зрители не столько слушают наш гениальный текст, сколько пытаются рассмотреть Соню, скромно стоявшую за спиной вождя. А уж когда загремели тамтамы и она выскочила на авансцену в одной набедренной повязке и куске мочала, условно прикрывающем верхние 90, и начала всем этим ритмично потрясать – зал встал и стоя аплодировал до конца номера.

Мы со свистом выиграли первое место и тут же за кулисами, одевшись, но не разгримировавшись, начали его отмечать. По причине молодости и отсутствия опыта в обращении со спиртными напитками очень быстро наотмечались до состояния Бориной фамилии. Боря, однако, и в этом состоянии не утратил ответственности за свое племя, сгреб в охапку всех трех девушек, затолкал в такси и привез к себе домой. Его еще хватило на то, чтобы дотащить их до двери, позвонить и сказать: "Мама, это мы", после чего он рухнул без чувств, погребая под собой давно бесчувственных барышень.

Утром Боря проснулся в своей постели, раздетый и отмытый от грима. Головка бо-бо, во рту и-го-го... ну, не буду вдаваться в подробности. Кое-как встал и поплелся на кухню объясняться с мамой.

Мамино лицо вместо ожидаемого праведного гнева выражало растерянность и недоумение, словно она только что увидела Барабашку.

– Боренька, – робко сказала мама, – мы с папой вас вчера раздели и уложили, только решили умыть, чтобы вы простыни краской не перепачкали. Тебя отмыли, двух девочек отмыли, а третью терли-терли, терли-терли... не отмывается, хоть ты убей. Вон она, на коврике спит. И что это за краска такая?

А Соня потом то ли всерьез, то ли в шутку пеняла Боре на скрытый расизм его родителей: белых девушек положили на диване, а ее, черненькую, – на коврике.

БЕРИЛЛИЙ

Имена и названия я слегка изменил, но кто меня знает – все равно догадается .

В конце 70-х я учился в Институте нефти и газа. В МГУ не взяли из-за пятой графы, вот и выбрал по принципу: абы что-то техническое и в столице. В Москве было несколько таких отстойников для еврейских ребят, не попавших в престижные вузы типа МГУ и Физтеха: МИИТ, МХТИ, МАДИ, ну и наша Керосинка. Их так "хедерами" и называли.

Там же при Керосинке я занимался в театральной студии. Их тогда было как грибов после дождя. Некоторые, как "Наш дом" Розовского, выросли потом в настоящие театры. Другие... не выросли. Руководил нашей студией Сергей Данилович О-в, второй режиссер одного из московских театров, прекрасный артист и педагог и вообще во всех отношениях замечательный дядька. Мы его обожали. Великих артистов ни из кого из нас не вышло, но воспоминания о той поре – самые теплые.

Первые пару месяцев, как водится, тренинг актерского мастерства, этюды, отрывки. Потом решили взяться за настоящий спектакль. Выбрали пьесу – "Чудесный сплав" Киршона. Это такая комсомольско-производственная комедия 30-х годов, ее потом театр ГИТИСа гениально поставил. Там весь сюжет крутится вокруг сплава на основе бериллия. Распределили роли, первая репетиция. Диалог двух комсомольцев, Пети и Гоши. Я за Гошу, Сенька – за Петю. Поехали:

– Привет, Гош!

– Привет, Петь!

– Слушай, я тут с утра мудрю над этим сплавом. А что, если добавить бериллия?

– Бериллия?

– Ну да, бериллия. Процента три-четыре, не больше.

— Хм, бериллия... А это ты здорово придумал!

Хорошо играем, бойко так, выразительно. Но смотрим: Данилычу что-то не нравится. Он кривится, как будто кислятины объелся. Потом просит:

— Давайте поменяем составы.

Ладно, давайте поменяем. Миша за Петю, Борис — за Гошу. Поехали по новой:

— Бериллия?

— Ну да, бериллия.

Данилыч опять кривится. Остановил репетицию, походил, подумал. Спрашивает нерешительно:

— А что, если мы заменим бериллий на какой-нибудь другой металл? Скажем, на осмий?

Мы говорим:

— Сергей Данилович, вы, конечно, наш режиссер и заслуженный артист, вам виднее. Но мы все-таки какие-никакие, а химики. Ну никак осмий не подходит для этого сплава. У него химические свойства совсем другие. И вообще, скажите на милость, чем вам бериллий не угодил?

Данилыч отвечает:

— Ребята, вы знаете, как я вас люблю. Я в вашей студии всегда душой отдыхаю. Вы только не обижайтесь, пожалуйста... но вы же картавите все до одного. Каково будет зрителю два часа подряд слушать: бег`иллий, бег`иллий!

"Чудесный сплав" мы так и не поставили. Поставили "Дракона" Шварца. Там один персонаж говорит: "Даже пташки чирикают весело. Чик-чирик-чирик-ура!" Так Сенька это "чиг`ик-уг`а" повторял на бис по три раза. Публика лежала под стульями.

НАШ ПРИЗРАК, ДВАЖДЫ ВИДЕННЫЙ ПОДРЯД

Эту актерскую байку рассказал Сергей Данилович О-в, руководитель театральной студии, в которой я в юности занимался.

В 70-х, а может даже и в 60-х годах академический московский театр гастролировал в крупном уральском или сибирском городе, на сцене местного Дворца культуры металлургов-нефтяников. Давали "Гамлета". Два первых спектакля, в субботу и воскресенье, прошли на ура. Понедельник, третий спектакль. Первый акт, на сцене Марцелл, Горацио и Бернардо. Должен появиться призрак.

Особенность режиссерской трактовки данного спектакля состояла в том, что роль призрака никто не играл. Во второй сцене, в диалоге с

Истории из жизни

Гамлетом, звучала магнитофонная запись. А в первой, где призрак просто молча проходит по сцене, его движение отыгрывали другие актеры, прослеживая его путь глазами. Очень простой и эффектный актерский прием, работа с воображаемым партнером. Если поворачивать головы действительно синхронно, у зрителей создается полное впечатление, что по сцене кто-то идет.

Итак, трое актеров, изображая полагающийся к случаю ужас, уставились в левую кулису. И тут притворный ужас на их лицах сменился настоящим, потому что призрак действительно появился! Это был высокий мужчина лет пятидесяти, совершенно лысый, но с буденновскими усами, в синем костюме, сатиновых нарукавниках и с портфелем в руке. Провожаемый взглядами остолбеневших актеров, ни на кого не глядя, в полном соответствии с режиссерским замыслом он прошествовал через всю сцену и ушел в правую кулису.

В зале раздались смешки: призрака многие узнали. Иван Евсеевич был человеком в городе уважаемым, но, мягко говоря, с большой чудинкой. Он работал бухгалтером Дворца культуры, отличался крайней пунктуальностью и каждый день ровно в 18.15 покидал рабочее место кратчайшим путем – через сцену. Наличие людей на сцене и в зале его не смутило: в это время обычно репетировал народный театр.

Смех в зале постепенно утих, артисты кое-как пришли в себя, спектакль продолжился. Директор ДК пообещал лично проследить, чтобы назавтра Иван Евсеевич ушел домой другой дорогой. Но, видимо, забыл.

Сергей Данилыч рассказывал нам, среди прочих актерских секретов, о законе повторения. Если какое-то нелепое действие на сцене вызывает только легкий смех, то то же самое действие, совершенное повторно, вызовет гомерический хохот. На третий и последующие разы эффект уже зависит от актерского таланта, уже нужны какие-то вариации, но второй раз на порядок смешнее первого всегда. Это закон.

Во вторник этот закон сработал в полную силу. Когда три актера уставились в левую кулису, на сцене и в зале все затаили дыхание, ожидая, выйдет ли Иван Евсеевич и в этот раз. Не вышел – общий вздох облегчения, но в то же время и легкое разочарование: ну как же так, неужели на этот раз ничего не покажут. И когда через несколько реплик Иван Евсеевич все же появился, его встретил такой взрыв хохота и аплодисментов, какой вряд ли слышали лучшие клоуны мира. Бухгалтера это нисколько не смутило, он размеренным шагом пересек сцену и скрылся в правой кулисе, помахав на прощание рукой.

Истерика продолжалась минут пятнадцать. Но спектакль надо было продолжать, зрители заплатили деньги, чтобы увидеть смерть Полония и безумие Офелии, чтобы услышать знаменитое "быть или не быть". Исполнитель роли Марцелла мобилизовал все свое актерское мастерство, сконцентрировался, задавил смех и выдал в зал свою следующую реплику… да, знал Шекспир, что написать. Невольно покосившись в правую кулису, Марцелл произнес:

– В такой же час таким же важным шагом
Прошел вчера он дважды мимо нас.

Вторая истерика зала. Всё? Нет, не всё! Потому что следующая реплика Горацио вызвала еще одну, уже третью истерику:

– Подробностей разгадки я не знаю,
Но в общем, вероятно, это знак
Грозящих государству потрясений.

После этого уже абсолютно любые слова любого персонажа зал встречал бурным хохотом до конца спектакля.

Потрясения не замедлили последовать. Иван Евсеевич получил первый в жизни выговор и в среду на сцене, разумеется, не появился. Но это уже ничему не помогло. Дойдя до момента явления призрака, Марцелл и Бернардо умерли от смеха совершенно самостоятельно, заразив зал. До самого конца гастролей на сцене Дворца культуры с неизменным успехом шла комедия "Гамлет".

Спасти спектакль удалось только в Москве, заменив Бернардо и Марцелла на других артистов. Исполнитель роли Горацио оказался поопытнее и через некоторое время научился отыгрывать первую сцену без смеха.

ГОЛЫЙ КОРОЛЬ

Я уже упоминал, что в молодости играл в студенческом театре. Хотя "играл" – это громко сказано, при избытке мужских ролей и остром дефиците актеров я был единственным представителем мужской массовки. Театр наш специализировался на пресмыкающихся: в первый год мы поставили "Дракона" Евгения Шварца, а во второй – "Ящерицу" Александра Володина.

Но это присказка, а в сказке речь пойдет об истории, приключившейся в дружественной студии другого вуза. Они ставили "Голого короля" того же Шварца. Короля играл парень по имени Андрей, высокий белокурый красавец, по которому сохли все институтские девушки. Был он большим разгильдяем и пиво любил куда больше, чем высшую математику. Но театр любил все-таки больше пива.

Высшую математику я помянул не случайно. Преподавал ее пожилой профессор, который, может быть, неплохо знал предмет, но был исключительно вздорным и придирчивым человеком и пользовался заслуженной ненавистью студентов. Особо он был помешан на дисциплине и не терпел, когда студенты опаздывали на занятия. За минутное опоздание мог двадцать минут читать нотацию, а за трехминутное – выгнать из класса.

Андрей, увлеченный, с одной стороны, пивом, а с другой – подготовкой к спектаклю, опаздывал чаще остальных. То есть не будет преувеличением сказать, что не опаздывал он только тогда, когда прогуливал пару целиком. Кроме того, будучи харизматической личностью и народным любимцем, он не терпел нотации молча, а дерзил и огрызался в ответ. На этой почве он находился с профессором в постоянном конфликте и был далеко не уверен, что будет допущен к сессии.

Почему-то в том институте не было дворца культуры. То ли его еще не построили, то ли уже поставили на ремонт. Спектакль играли прямо в здании института, в большой лекционной аудитории. Зрители сидели за партами, пространство около доски использовали как сцену. А вот места для гримерки там не было, и актеры переодевались в другой аудитории, метров на 20 дальше по коридору.

Спекталь принимали очень хорошо. В последнем акте Андрей забежал в гримерку, чтобы переодеться к ключевой сцене, в которой он должен быть предстать перед публикой в новом чудесном платье, то есть голым. Полной наготы в то время не допустили бы, но количество одежды на короле было сведено к минимуму: плавки и картонная позолоченная корона. Выйдя из гримерки, Андрей в волнении перепутал стороны света и пошел по коридору не направо, а налево.

В это время в аудитории, расположенной налево от гримерки, у вечернего отделения шла лекция по высшей математике. Профессор вот уже десять минут распекал опоздавшего студента:

– Что значит – была очередь в столовой? Значит, не надо было стоять. Остались бы без обеда, ничего страшного. Обедать вы не обязаны, ваша единственная обязанность – не опоздать на занятия. Вы можете штаны не успеть надеть, но на лекцию вы должны придти вовремя!

И ровно на этой реплике дверь отворилась, и в аудиторию вошел Андрей в короне и плавках. Проиллюстрировал, так сказать.

Руководитель студии потом потратил очень много сил, чтобы доказать профессору, что это был несчастный случай, а не злонамеренная диверсия. К сессии Андрея в конце концов допустили, но высшую математику он благополучно завалил. Был ли он после этого отчислен или сумел пересдать, я, к сожалению, не знаю.

НОВОГОДНЕЕ ЧУДО

Что такое классический святочный рассказ? Это история о людях, которые в канун Нового года лишены чего-то жизненно необходимого, но в последний момент каким-то невероятным или даже волшебным образом это необходимое вновь обретают. Если вы с такой формулировкой согласны, то вот вам классический святочный рассказ 25-летней давности.

Были мы тогда студентами, и родители одной из наших девочек, Тани, отвели нам для новогоднего празднования свою дачу в неближнем Подмосковье. Полный расклад на тот период: Олег четко с Олей; Костя, Вовик и я попеременно увиваемся вокруг Тани, все трое без особого успеха, а Маринка незадолго до того обзавелась кавалером по имени Аркадий. История их знакомства сама по себе весьма примечательна, обязательно расскажу ее в другой раз, а пока сообщу только, что Аркадия мы знали плохо и не подозревали о его скрытых способностях.

Кому пришло в голову поручить Аркадию закупку и доставку спиртного, следствие не установило. Точнее, мы вшестером уехали с утра на дачу, поручив спиртное Марине, а Аркадий должен был служить только тягловой силой, и это был вполне правильный и разумный план. Но судьба распорядилась иначе. Уже все закупив и торопясь на электричку, Маринка поскользнулась и загремела с лестницы. Многочасовое ожидание в травмопункте; рентген показал трещину; преданный Аркадий хотел остаться с ней, но Маринка, хорошо представляя, как мы будем страдать без спиртного, погнала его на дачу.

Вот тут выдающиеся способности Аркадия себя и проявили. Несмотря на подробнейшую инструкцию, он не то вместо 21-го автобуса сел в 31-й, не то вместо 3-ей остановки сошел на 13-й и оказался совсем в другом дачном поселке, в котором на тот поздний уже час не было ни души. Чтобы потом не отвлекаться, сразу расскажу о его дальнейшей судьбе. К нашему большому сожалению, Аркадий не околел и не был съеден волками, а, многократно провалившись в сугробы и охрипнув от крика, был обнаружен дачным сторожем. Сторож завел его в избушку и напоил водкой из его же собственной сумки. После чего Аркадий полностью выпал из хода событий до середины следующего дня, когда, проснувшись в сторожке и обнаружив, что сторож с друзьями исключительно хорошо встретили Новый год нашей водкой, отбыл с пустой сумкой в Москву.

А мы тем временем накололи дров и затопили печь, украсили елку, сварили картошку, нарезали колбасы и сыра, красиво разложили салаты и сели ждать. Все было готово к празднику, но праздник не начинался. Читая сейчас воспоминания других людей, я прихожу к выводу, что моя

Истории из жизни

собственная юность прошла крайне скромно и неинтересно. Никто из нашей компании не уходил в многодневные запои, не был исключен за пьянку из института и даже не попадал в вытрезвитель. Но трезвенниками мы решительно не были, и безалкогольная новодняя ночь совершенно не входила в наши планы.

Мы оглядывали стол и смотрели в окно; неохотно брали по бутерброду и смотрели в окно; неуклюже шутили и снова смотрели в окно; не выдержав, выбегали на тропинку, но тропинка была пуста. Время неумолимо приближалось к полуночи, и наконец стало окончательно ясно, что последний автобус со станции прошел, последний автобус на станцию ушел тоже и кина, в смысле вина, до утра не будет. Олежка, вздохнув, налил в бокал лимонада и начал говорить тост. Но все его обычное остроумие куда-то делось, тост не получился, и Олег неловко умолк на полуслове. Повисла гнетущая тишина.

– Ребята, – нерешительно сказала Таня, – давайте посмотрим в кладовке, может, там что-то завалялось.

По ее голосу было очевидно, что в кладовке ничего нет. Но мы все же пошли и поискали. Нашли только трехлитровую банку вишневого компота. Разочарованные вернулись за стол, но Вовик почему-то задержался. Он открыл банку... понюхал... отхлебнул... и дачу огласил восторженный вопль:

– Братцы, он забродил! Тут ГРАДУСЫ!!!

Все по очереди хлебали из банки и довольно кивали: градусы есть! Мне досталось последнему. Не могу сказать, что почувствовал какую-то особенную крепость, но тоже одобрительно крякнул и кивнул. Часы показывали без двух минут двенадцать, мы кинулись разливать компот по бокалам и загадывать желания. Потом Олег все же произнес свой тост, дествительно очень смешной; потом Костик провозгласил тост за милых дам: мужчины пьют стоя, женщины до дна. И понеслось...

Это был самый веселый Новый год в моей жизни. Крепость волшебного компота росла в течение ночи: если в начале мы цедили его как шампанское, то под конец лихо опрокидывали как водку, предварительно задержав дыхание и закусывая соленым огурцом. В какой-то момент выскочили на улицу поиграть в снежки; вернулись раскрасневшиеся и по уши извазюканные в снегу и немедленно хлопнули по рюмке компота для сугреву. Потом бессистемно, но весело, со взрывами беспричинного смеха играли в шарады. Потом танцевали, тяжело повиснув на девочках и бессовестно их лапая – и Таню, и Олю. Девчонки не отстранялись, понимая, что для нас это единственный способ удержать равновесие.

Наконец я отрубился прямо за столом, чего со мной никогда не случалось. Хорошо еще мордой в салат не попал, а то было бы совсем стыдно.

Сквозь сон слышал шебуршение не только в том углу, где спали Олег и Оля, но и в том, где спала Таня. Впоследствии аккуратно расспрашивал Вовика и Костю, пытаясь понять, кому из них улыбнулась удача. Оба отвечали "Пьян был, не помню", но физиономии у обоих были довольные.

Наутро (на самом деле уже смеркалось) мы как могли убрали следы вчерашнего веселья и крайне довольные проведенной ночью вернулись в Москву. Перед отъездом я допил остатки компота из чудесной банки. Самый обыкновенный компот, никаких следов алкоголя. Спасибо, дедушка Мороз!

ПОСЛЕДНИЙ ДЕВСТВЕННИК МПТИ

Поздние брежневские годы, общага МПТИ (Московский подзаборнотехнологический). Четвертый курс, почти все уже парами. Ситуация из классического анекдота: есть кого, есть чем, но катастрофически негде. В общежитии два отдельных крыла – мужское и женское, вахтеры звереют. Время от времени удается обмануть их бдительность, уговорить соседей погулять пару часов и избежать облавы. Но организм требует большего, и постоянно ищутся альтернативные варианты.

Одно время уровень озабоченности снижали расположенные по соседству бани, где семейные пары пускали в одну душевую кабинку без документов. Пускали до тех пор, пока парочка идиотов не занялась делом, прислонившись изнутри к дверце кабинки. Сопромат они знали плохо, прочность дверных петель не рассчитали и в разгар процесса вылетели в коридор, прямо под ноги контролерше и ожидающим своей очереди добропорядочным гражданам. После этого лавочка закрылась.

К счастью, на потоке учится Марина Потоцкая, москвичка и обладательница – не знаю, какими буквами написать, чтобы отразить уникальность ситуации – СОБСТВЕННОЙ ОТДЕЛЬНОЙ КВАРТИРЫ. Никакого мажорства, самая обыкновенная семья. Просто квартира бабушкина, бабушка уже не ходит, и родители забрали ее к себе, а дочку выселили на освободившуюся жилплощадь. Маринка, добрая душа, стала давать запасные ключи сперва ближайшей подруге, потом еще двум и наконец – близким друзьям обоего пола, то есть почти всей группе. Установилось своего рода дежурство. Ключи выдаются на день с двумя условиями: убрать следы пребывания и исчезнуть до шести, когда хозяйка возвращается из читалки. Сама Марина квартиру по назначению не использовала: нехватка парней в институте, умноженная на низкую самооценку, зрение минус пять и разбитое еще на первом курсе сердце.

Из почти сотни студентов курса только один ничего не знал о Марининой квартире, да и вообще мало что знал об окружающей действительности. За четыре года никому не пришло в голову заговорить с Аркадием на темы, отличные от "дай списать" и "объясни теорему". Он и выглядел-то даже не как ботаник-заучка, а как карикатура на ботаника: тощий, длинный, лохматый, согнутый от стеснения буквой "Г", мучимый всеми известными психиатрии комплексами и еще некоторым количеством неизвестных.

Последние пару лет Аркадий мучительно страдал от затянувшейся девственности, но выхода для себя не видел. Легкодоступные девушки вызывали у него омерзение, а с труднодоступными требовалось как минимум заговорить и некоторое время беседовать на посторонние темы, а это было для него невозможно, при первой же попытке открыть рот без конкретной необходимости он впадал в ступор. Со среднедоступными девушками дело обстояло совсем плохо: и ступор, и отвращение.

Итак, общага. В мужском туалете беседуют два доблестных студиозуса:
– Что, стоял?
– А ты как думаешь? Две недели без секса. Сперма скоро из ушей польется.
– Что ты мучаешься, сходи к Маринке.
– Потоцкой? Я не очень-то ее знаю, неудобно.
– Брось, она никому не отказывает. Просто подойди и попроси ключи.
– Думаешь, даст?
– Конечно, она всем дает. Только не на завтра, завтра к ней иду я.

Аркадий, слышавший весь этот диалог из туалетной кабинки, от изумления чуть не упал с унитаза. Надо же, Потоцкая – и всем дает! Кто бы мог подумать! Марина, даже с учетом вновь полученной информации о ее сверхдоступности, отвращения не вызывала, и Аркадий понял, что это его единственный и последний шанс. Две недели он собирался с духом, наконец подошел к Маринке и, мучительно краснея, бекая и мекая, попросил ключи.

Марина посмотрела на него с интересом: ну и ну, и на такое чудо нашлась охотница. Наверняка не из нашего института, а то я бы знала.
– Да не красней ты так, дело естественное, – сказала она, протягивая ключ.– Адрес знаешь? Записывай. Завтра как раз свободно. И постарайся успеть до шести.

Назавтра Аркадий вне расписания помылся в душе и сменил белье. Без четверти шесть он, благоухая одеколоном "Шипр", с тремя гвоздиками и тортом "Снежинка" вошел в квартиру, уселся на табурет в прихожей и стал ждать. Воображение рисовало такие картины, что он едва не терял сознание. Наконец появилась Марина.
– А, ты еще здесь. Ты один? (Она хотела бы посмотреть на избранницу).

– Один. (Она что, и по нескольку принимает?) Вот, – Аркадий ткнул в нее букетом и тортом.

– Ой, это мне?

Марина была приятно удивлена. До сих пор никто из постояльцев не догадался подарить ей хотя бы шоколадку.

– Ладно, пошли пить чай. Ванная здесь, помой руки, а я пока переоденусь, – сказала она.

То есть она думала, что так сказала. На самом деле фраза была короче, а может, Аркадий от волнения пропустил некоторые слова мимо ушей. Во всяком случае, услышал он следующее:

– Ладно, пошли. Ванная здесь. Я пока переоденусь.

В свете всего предыдущего толковать сказанное можно было только одним способом. Аркадий зашел в ванную, разделся, потратил некоторое время на то, чтобы заставить себя снять трусы, не смог и в трусах двинулся в комнату. Фигура его больше всего напоминала латинскую букву F.

Маринка стояла у зеркала в спортивных штанах и лифчике, надеть олимпийку она не успела. Когда Аркадий коснулся ее плеча, она отреагировала так, как и следует реагировать всякой советской девушке: отчаянно завизжала, огрела его олимпийкой по голове, оцарапав молнией щеку, и спряталась за кресло. Аркадий, ожидавший совсем другой реакции, бессмысленно стоял посреди комнаты и вертел головой.

– Аркадий, что с тобой? Совсем с ума сошел? – Марина перевела взгляд на перекладину буквы F и догадалась: – Она не пришла, да?

– Кто – она?

– Ну девушка твоя.

– Какая девушка? Нет у меня никакой девушки.

– Тогда зачем ты пришел?

– Ребята сказали. Что ты... это... ну... всем даешь. Вот я и...

– Кто сказал? – Марина уже пришла в себя. – Скажи, кто, я этих юмористов поубиваю завтра.

– Никто. Я сам подслушал... что ты даешь.

– Даю. Ключи от квартиры я им даю, вот что. То есть давала, больше не буду. Но ты... Как ты вообще мог такое подумать? Ты что, совсем идиот?

Тут до Аркадия наконец дошел весь ужас его поступка. Он и до этого соображал не слишком хорошо, а теперь мозги отказали окончательно. Голосом робота Вертера он произнес:

– Да, Марина. Ты совершенно права. Я идиот.

Повернулся и на негнущихся ногах вышел из квартиры. Как был, в трусах.

Если бы дело происходило летом, возможно, на этом бы все и кончилось. Но был конец ноября, уже выпал снег. Марина никак не могла допустить,

Истории из жизни • 41

чтобы однокурсник, не сделавший ей ничего плохого, простудился и заболел. Схватив в охапку его одежду, Марина выглянула из подъезда. Следов босых ног на снегу не было, да и бабки на лавочке вели бы себя совсем иначе, если бы мимо них только что прошел голый студент. Значит, он наверху.

Аркадий действительно стоял у решетки, закрывающей выход на крышу, и дергал замок. Если бы работники жэка забыли ее запереть, человечество понесло бы невосполнимую потерю. Но замок висел, деваться Аркадию было некуда, и он дал себя одеть, увести в квартиру и напоить чаем. К концу чаепития между ними было сказано больше слов, чем Аркадий произнес за последние три года с кем бы то ни было. Невидимая преграда, мешавшая ему общаться, рухнула под напором сегодняшних событий, и Аркадий взахлеб рассказывал о своем детстве, о сверхтребовательном отце и забитой матери, о любимой сестренке, которая – надо же – как две капли воды похожа на Марину, и вообще обо всем. Он оказался неожиданно интересным собеседником, и вечер закончился тем, что Марина пригласила его зайти попить чаю еще раз.

Дальше чудеса посыпались лавиной. После четвертого чаепития Аркадий впервые не вернулся в общежитие ночевать. После пятого во всеуслышание рассказал анекдот, смешной и к месту. После седьмого ввязался в спор о природе мужчин и женщин, посрамив первых и вызвав шумное одобрение вторых. После десятого прогулял первую пару, и мы поняли, что он окончательно излечился.

Конечно, полностью переделать человеческую природу невозможно. Абсолютной нормы Аркадий так и не достиг и до конца учебы оставался чудаком и излюбленным объектом насмешек. Но что ему до этой нормы, если на сегодняшний день он живет в Силиконовой долине, является уникальным специалистом в какой-то высокотехнологичной фигне (я после долгих объяснений так и не понял, в чем именно) и из материальных благ не имеет разве что вертолета. Марина сделала лазерную коррекцию зрения, тщательно следит за собой, и когда Аркадий говорит, что женат на самой красивой женщине Калифорнии, я с ним почти искренне соглашаюсь – тем более, что моя любимая живет в другом штате, и это признание мне ничем не грозит. У них дочь-студентка и маленький сын. По-моему, они счастливы.

КИТАЙСКАЯ НИЧЬЯ

Люди – это вообще такие биороботы. Пока все в порядке и жизнь идет по накатанной колее, они ведут себя адекватно и даже разумно. Но стоит обстоятельствам выкинуть какой-нибудь фортель – все, пиши пропало.

Программа слетает с катушек, и начинается такой театр абсурда, что никакому Ионеско не снилось.

    У нас была замечательная компания в институте. Подружились чуть ли не на первой лекции и больше не расставались. Шестеро парней и две девочки (их всего две в группе и было, технический вуз). Вместе готовились к экзаменам, вместе в кино, вместе на дискотеки. При этом никаких любовей-морковей, максимум дружеское подтрунивание.

    Летом мы повадились ходить на нудистский пляж в Серебряном Бору. Поначалу девчонки стеснялись, но мы их личным примером быстренько раскрутили сначала на топлесс, потом и на все остальное. Первые дни пялились на них, конечно – красивые у нас девочки, что и говорить. Потом привыкли. Купались себе, загорали, в карты играли, как одетые. Есть какая-то особая прелесть в нудистских пляжах. Какой-то специфический кайф от того, что вот она сидит рядом вся такая открытая, такая доступная, а ты на нее – никаких поползновений, потягиваешь не спеша пиво и прикуп сдаешь. Что-то от философии того быка, который сейчас медленно-медленно спустится и все стадо согласно анекдоту, а пока что стоит себе на вершине и любуется пейзажем.

    Танькин день рожденья в начала августа тоже решили отметить на пляже. Затарились пивом вдвое против обычного. Выпили, залезли в воду, но тут ниоткуда собрались тучки и как хлынуло! Нам наплевать – все равно голые – но видим, что народ разбегается, одежда наша мокнет, закуски тоже и конца этому безобразию не видно. Делать нечего, натянули кое-как мокрые джинсы на голое тело и поехали к Таньке домой, благо недалеко, на Войковской. Бродим по квартире злые и мокрые – такой кайф обломался. И тут кто-то подает гениальную идею:

– А давайте нудистский пляж прямо здесь устроим!

    А фиг ли нам, тем более после ящика пива. Мы же друг друга во всех видах видели. Радостно поскидывали шмотки, развесили их на стульях сушиться и сели в кружок на ковре в гостиной. Допили пиво, сожрали что там в холодильнике было и стали в карты играть. Вовик новой игре научил, в ворону. Я в нее с тех пор не играл, правил не помню. Но помню, что никакой тактики и стратегии там не требовалось, а требовалось следить за выходящими картами и что-то кричать – вовремя и погромче. И что-то нас эта игра торкнула. Кидаем карты, орем, гвалт на всю квартиру. Вошли в азарт. Напрочь забыли, где мы и кто мы, а уж о том, что мы голые, – и подавно.

    И тут. Открывается дверь гостиной и входят Танькины родители. С тортом. И с бабушкой. Мы их, конечно, не слышали. И видят нас – ввосьмером, на полу, голеньких. Гоголь, "Ревизор", явление одиннадцатое. Немая сцена.

Истории из жизни • 43

Танюхины родители – такие совершенно нормальные советские интеллигенты, инженеры там или научные работники, не знаю. И дочка у них до текущего момента была совершенно нормальная. Восемнадцать лет девочке. Почти отличница. Ни с кем не встречалась, не курила даже. Про нашу компанию они, конечно, знали, но в общих чертах. Знали, например, что мы на какой-то пляж ходим. Но без подробностей. И вдруг – нате пожалуйста, подробности. Ничем не прикрытые. На ковре в собственной гостиной. В шести экземплярах.

Разумеется, происходит упомянутый выше сбой программы и театр абсурда. Что характерно, и у них и у нас.

Никакой ступор не может длиться вечно. Но не то чтобы одним отвести глаза, а другим убежать или прикрыться чем-нибудь – нет, в этом направлении программа ни у кого не сработала. В этом смысле полный Ионеско до конца представления. А вот дар речи к некоторым участникам вернулся.

Танин папа, несколько раз впустую помахав челюстью, наконец спрашивает:

– Что вы тут делаете?

Как будто сам не видит. И Олежек отвечает именно с такой интонацией – мол, сам, что ли, не видишь:

– В карты играем.

– На раздевание? – спрашивает папа. Читал, наверно, о развлечениях современной молодежи. Или сам баловался в молодости.

Олег, на полном автомате:

– Ага.

Папа, тоже на автомате:

– И кто выиграл?

Олег обводит нас тяжелым взглядом. В его глазах читается полное недоумение и искреннее желание определить: кто же все-таки победил в этой жестокой игре на раздевание? Но определить невозможно: все голые совершенно одинаково. Ни на ком ни клочка одежды, никакой даже завалящей ленточки. Олег смотрит на нас раз, другой, третий. И наконец говорит деревянным голосом:

– Китайская ничья.

Казалось бы, дурь полная. Какая китайская ничья в картах? Тем более на раздевание. Тем более мы на раздевание и не играли. Тем более что и вопрос-то не в игре, а в нашем моральном облике. Но именно после этой абсурдной фразы что-то у нас в мозгах щелкает и встает обратно на рельсы.

– Ничья, ребята, – с облегчением говорит Вовик. – Одеваемся.

И все встают с пола и начинают одеваться. А потом как ни в чем не бывало идут пить чай с тортом.

Пока ели торт и пили за здоровье именинницы, я пару раз ловил взгляд Таниной мамы. Что-то там у нее в голове не сходилось. Но вопросов она не задавала.

Не знаю, объяснялась ли Танька потом с родителями и если да, то какими словами, но водиться с нами ей не запретили. А может, и не могли уже, выросла девочка. Мы еще пару раз съездили в Серебряный Бор, но скорее по привычке, без прежнего кайфа. А с сентября понеслось: Танька крутит любовь с Олегом, потом меняет его на Вовку, Олег подбивает клинья к Маринке, но я его опережаю – короче, мексиканский сериал в четырех сериях, по числу оставшихся курсов.

Сейчас у всех свои семьи, живем в разных городах и странах, общаемся редко. Но выражение "китайская ничья" как универсальный ответ на все каверзные вопросы – осталось у всех.

МАКАРОНЫЧ

По распределению я попал в ВЦ одного завода. Остальные коллеги были примерно одного возраста – 35-40 и не первый год работали вместе. Спаянный и споенный коллектив. Друг к другу обращались Машка, Валька, Серый, Рыжий, бывало, что и "старая дура". А я, конечно, козырял именами-отчествами.

К нам в комнату частенько заглядывал солидного вида дядька лет 50 с лишком, неопределенно-южной внешности – как я понял, кто-то из большого начальства, в числе прочих обязанностей курировавший ВЦ. Мои сослуживцы называли его просто Макароныч – видимо, производное от фамилии Макаревич, Макаренков или какой-то подобной.

Через несколько недель после начала работы мне потребовалось отлучиться.

Начальницы на месте не было, я подошел к старшему программисту:

– Сергей Юрич, мне бы отгул на завтра.

– Я не возражаю, только отпросись у Макароныча. Знаешь, где его кабинет?

На втором этаже, напротив директорского.

– Хорошо. Только как его зовут?

– Как-как! Макароныч, конечно!

Сергей картавил, у него выходило "Макаоныч".

– Сергей Юрьевич, ну я же не могу прямо так подойти и сказать:

Истории из жизни • 45

"Макароныч, дайте мне отгул".

Сергей посмотрел на меня как на ненормального:

– Вот прямо так подойдёшь и скажешь: "Дайте мне отгул, пожалуйста".

– Но как мне к нему обратиться? Не Макароныч же!

– Почему не Макароныч? Именно Макароныч!

Когда диалог пошёл на третий круг, я понял, что это мне что-то напоминает. Фамилия Горидзе, зовут Авас. И я в роли тупого доцента. На четвертый круг я заходить не стал, а спросил фамилию Макароныча (фамилия оказалась красивая – Сегал) и полез в заводской телефонный справочник.

Оказалось, действительно Авас. Сегал Марк Аронович. Если произносить быстро – Марк-Ароныч. А если ещё и "р" проглотить…

ГЛАВНЫЙ СОБАЧИЙ СЕКРЕТ

Я вообще зверей не люблю. Своей собаки у меня никогда не было. У меня в детстве случались астматические приступы, и врачи сказали, что может быть аллергия на шерсть животных. Родители, конечно, перепугались и отдали даже аквариум с рыбками, хотя какая там у рыбок шерсть? Одно название.

С Ленкой мы четыре года проучились на соседних курсах, а познакомились только за день до моей защиты. Три дня бродили по московским паркам и целовались под каждым деревом, а на четвёртый она позвала меня с ночёвкой на дачу. Решительный шаг, особенно если учесть, что до меня у неё никого не было. У меня до неё тоже. Смешно, наверное: здоровый бугай, диплом в кармане, усы как у Чапаева – и девственник. Сейчас таких уникумов один Вассерман на всю страну, а тогда было – в каждой студенческой группе.

На вокзале обнаружилось, что едем мы не одни, а в компании мелкого чёрного пуделя. Арто – представила его Ленка. Знакомиться со мной Арто не пожелал, гавкнул и отвернулся. Я, честно говоря, тоже не пылал братской любовью. В вагоне он встал на задние лапы вдоль Ленкиной ноги и быстро-быстро задергался, тыкаясь низом живота ей в лодыжку. Ленка никак на его выходку не реагировала, и только заметив мой удивлённый взгляд, смущённо пояснила:

– У кобелей это бывает время от времени. Собачники говорят не обращать внимания, пройдёт.

Пока шли мимо чужих участков к даче, Арто громко облаял старушек на грядках.

– Здравствуй, Леночка, – приветливо улыбались старушки. – Как же ты выросла.

И внимательно оглядывали меня из-под очков.

Пройдя сквозь строй из по крайней мере пятидесяти соседок, мы наконец поднялись в Ленкину комнатку в мансарде, и окружающий мир перестал существовать. Не стану описывать наши действия в подробностях, хотя до сих пор помню каждое ее движение, каждый вздох, каждый миллиметр ее кожи. Скажу только, что ласкали мы друг друга основательно и абсолютно не стесняясь, но никак не могли перейти к самому главному. Несколько раз пытались, но я не решался причинить ей боль; кроме того, узкий и высокий топчан не давал занять удобную позу.

Наконец мы решили, что сейчас или никогда. Ленка расположилась на топчане, я встал перед ней на пол. Тщательно совместили модули, приготовились, затаили дыхание… И тут я с леденящим ужасом ощутил, как мою ногу обхватывает что-то мерзкое, мохнатое и несомненно живое. Проклятый пес, о котором я начисто успел забыть, решил присоединиться третьим. Я пнул неизвестную тварь ногой, и тут же на моей ягодице с лязгом сомкнулись челюсти. От боли я инстинктивно рванулся вперед, Ленка ойкнула, и в мире стало на двух девственников меньше.

Волнующий миг первой близости был безнадежно испорчен. Я орал и дрыгал ногами, пудель висел на мне, как заправский бульдог, а Ленка, корчась одновременно от боли и смеха, пыталась разжать ему зубы. О сексе пришлось забыть. Самой интимной лаской в ближайшие сутки стало смазывание моей задницы йодом с последующим дутьем на рану, а самой яркой эмоцией – периодически накатывавшие на нас приступы хохота. Хотя если кто-то вам скажет, что совместный смех сближает хуже совместного секса, плюньте в его тоскливую рожу.

Через год с чем-то мы расписались (как раз 13 октября, день в день 25 лет назад). Мои родители, узнав об Артошке, встали насмерть: никаких собак в одном доме с их сыном не будет, девайте куда хотите, а если так позарез надо о ком-то заботиться, заводите ребенка. Я их поддержал: мы с пуделем оставались врагами, он отчаянно ревновал Ленку и поднимал лай всякий раз, когда я пытался к ней прикоснуться. Арто отдали каким-то дальним знакомым. Там он вскоре и умер, хотя был еще не старой собакой, десяти лет не исполнилось. Очень не сразу я осознал, какое это было несчастье для Ленки и на какую жертву она пошла ради семейного благополучия.

А лет через семь нашу любовную лодку крепко сада́нуло о быт. Быт тогда был аховский. Как раз отпустили цены, а мою зарплату отпустить почему-то забыли. Объявили рыночный курс доллара, и я с удивлением обнаружил, что зарабатываю семь баксов в месяц. В предыдущий год, когда

Истории из жизни • 47

цены еще сидели на привязи, но продукты из магазинов уже разбежались, мне от щедрот профсоюза отломились два мешка макаронных рожков и мешок гречки. Тем и питались: день гречка, день рожки, по выходным варничкес. Варничкес – это такое блюдо еврейской кухни. Рожки с гречкой. Дочки были маленькие и болели в противофазе: только одна перестанет кашлять, у другой опять сопли до пупа. В доме прогнили трубы, из сливного отверстия в ванне хлестала какая-то дрянь. Друзья целыми самолетами валили за рубеж, Ленка ехать категорически отказывалась, и это тоже не добавляло мира в семье.

А на работе напротив меня сидела такая аппетитная барышня! Свеженькая, румяная, без Ленкиных кругов под глазами. И слова какие умные знает: экспрессия, парадигма, дискурс. А Ленка, небось, уже Сартра от Кундеры не отличит, с ней разве поговоришь о высоком? И живет барышня далеко, ну как не проводить ее домой, а вдруг хулиганы пристанут. Ленка догадывалась, конечно, отчего у меня так участились вечерние совещания, но прямо об этом не говорила. Вот только ссорились мы все чаще и по все более ничтожным поводам.

Наконец я допровожался до того, что опоздал к закрытию метро и пришел домой только под утро. Ленка не спала, сидела на кухне. На этот раз она высказала все без обиняков, прямым текстом. Это были правильные, полностью заслуженные мной слова, но с каждой прозвучавшей фразой жить дальше вместе становилось все невозможнее. Я слушал и думал только об одном: надо остановить ее, заставить замолчать, не дать произнести те последние слова, после которых ничего уже не исправить. И остановил. Самым неправильным из всех неправильных способов – ударив ее по щеке.

Ленка замолкла на полуслове. В ее глазах ясно читалось то, что я и сам мгновенно понял: непоправимое уже произошло, все кончено. Спасти меня могло только чудо.

Я вышел в прихожую и тупо уставился на фотографию за стеклом книжного шкафа. На ней смеющаяся пятнадцатилетняя Ленка, сидя у окна в кухне, гладила лежащий на коленях мохнатый комок, в котором нельзя было различить ни морды, ни лап. Вот собака, подумал я. Собака не зарабатывает денег, не дает полезных советов, не может починить кран в ванной. Все, что она умееет – это любить. Собака не сравнивает хозяйку ни с кем, а просто радуется, когда она рядом, и грустит, когда ее нет. И за это единственное умение собакам прощают то, что никогда не простят ни одному мужу.

Я встал на четвереньки и почапал обратно в кухню. Ленка сидела на той самой табуретке у окна, сгорбившись и закрыв глаза, и рукой так делала... У нее была странная привычка, задумавшись, водить ладонью у бедра. Сейчас я вдруг разгадал этот жест. Помните, в «Мастере» Пилат спрашивает: как ты узнал, что у меня есть собака? И Иешуа отвечает: ты так водил рукой по воздуху, словно хотел ее погладить. Вот, это оно.

Я уткнулся башкой в Ленкины колени и тихо заскулил. Ее рука коснулась моих волос (тогда у меня еще были кудри на зависть любому пуделю), вздрогнула и нерешительно их потрепала. Я поднял голову и лизнул ее в нос. Ленка наконец открыла глаза; в них мелькнуло разочарование, но и капелька интереса.

– Ты чего? – спросила она.

– Знаешь, – ответил я, – у кобелей иногда такое бывает. Опытные хозяйки не обращают на это внимания.

– Дурак, – сказала Ленка. – Нашел время для кобелизма. И так все рушится. Еще эта врачиха дурацкая. Я ей, видите ли, срываю план по прививкам.

– Хочешь, я ее покусаю?

– Не надо, тебя посадят на цепь. Пошли спать, горюшко.

Я радостно оскалился, вытянул туловище вдоль ее ноги и задергал тазом.

– Вот-вот, – очень серьезно подтвердила Ленка. – Сегодня только по-собачьи. Без вариантов.

И не выдержала, расхохоталась. Боже мой, как я люблю, когда она смеется!

Сейчас наши дочки уже взрослые девушки. Они снимают вдвоем крохотную квартирку в Манхэттене и мечтают переехать за город и завести собаку. В квартире нельзя: старшая унаследовала мою аллергию.

ДЖИММИ

В молодости у меня была плюшевая обезьяна. Я купил ее на втором курсе, хотел подарить другу на свадьбу. Но неосторожно прислонил к горящей лампе, синтетическая шерсть на пузе поплавилась, дарить игрушку стало нельзя, и пришлось оставить у себя. Шимпанзе получил имя Джимми, три года кантовался со мной в институтской общаге и потом еще год – в заводской, когда я уехал по распределению. Вечерами я готовил неизменную яичницу с картошкой, наливал в два стакана пиво и вел с Джимми долгие задушевные беседы, сводившиеся к одной нехитрой мысли: никто нас, брат шимпанзе, не любит, никому мы с тобой не нужны.

Следующим летом я приехал в Москву – опять же на свадьбу к кому-то из друзей – и чисто случайно встретился с Ленкой. Она училась на курс младше, у нас был короткий роман в самом конце моей учебы, и я тогда оборвал отношения с подленькой мыслью "найду получше". А сейчас все вновь вспыхнуло, и стало очевидно, что ничего лучше нет и быть не может, и уже через месяц мы подали заявление, и я перевез к ней чемодан книг и Джимми.

Однако сам я переехать к Ленке не мог: как молодой специалист, должен был отработать три года по распределению. Чтобы освободить меня от этой почетной обязанности, требовалась подпись лично министра.

Потянулась разлука, скрашиваемая моими нечастыми приездами. "Когда тебя нет, я сплю с Джимми, – писала мне Ленка. – Обнимаю его, как будто это ты, и мне уже не так грустно и одиноко. Он похож на тебя, такой же мягкий и теплый". "Ага, – отвечал я, – и такой же толстый и волосатый. А разница в том, что у него есть хвост, а у меня кое-что другое".

Мой поезд прибывал в Москву рано утром. Я входил в комнату, бесшумно раздевался, осторожно вытаскивал шимпанзе из Ленкиных объятий и укладывался на его место. Ленка, не просыпаясь, прижималась ко мне. Собственно, эти утренние мгновения и были той трудноуловимой субстанцией, которую люди неизобретательно называют счастьем.

Через полгода министр наконец поставил нужную закорючку в нужном месте. Я смог перебраться в Москву и окончательно вытеснил Джимми из Ленкиной постели. Он возвращался к своим обязанностям только на время моих командировок. А Ленка, великая домоседка, сама никуда от нас не уезжала. За восемь лет она провела без меня и Джимми только два раза по три ночи: когда рожала сперва одну дочь, потом вторую.

Шли годы, и как-то так получалось, что Ленка все чаще, не дождавшись меня, засыпала с Джимми. Мужики, кто сам не засиживался всю ночь за преферансом, кто никогда не увлекался компьютерными играми и красивыми девушками – так и быть, бросьте в меня камень. А кто сам не без греха, тот, возможно, поверит, что я был не самым плохим отцом и мужем.

А потом... потом Ленку сбил пьяный водитель на переходе. В похоронной суете Джимми бесследно исчез. Никто его не видел и не трогал, но когда мы немного пришли в себя и стали наводить порядок в квартире, Джимми нигде не было. Похоже, он отправился вслед за хозяйкой.

И вот 15 лет я воспитываю дочек, пытаюсь зарабатывать деньги, занимаюсь разными нужными и ненужными делами. А где-то там моя Ленка обнимает Джимми и ждет не дождется, когда я наконец выну из ее рук эту дурацкую обезьяну и займу свое законное место. Не грусти, малыш, время на Земле течет быстро. Министр уже занес ручку для подписи.

Григорий Остров

ЗАБЫТАЯ УЛИЦА

Еду я в троллейбусе по Садовому кольцу. Лето, жара, середина дня. Троллейбус почти полный. Вдруг какая-то бабка на переднем сиденье начинает проявлять признаки беспокойства:

– Сынки, а в собес мне где выходить?

Пассажиры переглядываются – никто не знает. Задают наводящий вопрос:

– Бабушка, улица хоть какая?

– Не помню, сынки. Забыла.

– Что ж вы, бабушка, столько лет в Москве живете, а улицу не помните?

– Да я не с Москвы, а с области. Приехала в городской собес, а мне говорят: тебе в областной надо. Садись на троллейбус Б. И улицу назвали. Слышала эту улицу, песня еще такая есть. Решила, что запомню, да вот запамятовала.

Тут парень в косухе переспрашивает:

– Песня, говоришь? Бабуль, знаю, где тебе выходить. На Большом Каретном.

Бабка: – Да нет, милок. Я и песни-то такой не знаю.

Парень: – Тогда на Первой Мещанской, в конце.

Бабка: – Тоже нет.

Густой бас откуда-то сверху: – Тверская-Ямская?

Бабка: – Вроде похоже. А что за песня-то?

Бас запевает в весь голос:

– Эх, вдоль по Питерской, по Тверской-Ямской!

Интонации у него прямо шаляпинские. Народ начинает аплодировать.

Бабка: – Нет, милок, другая песня. Не такая громкая.

Женщина на среднем сиденье запевает тихонько:

– Ах, Арбат, мой Арбат, ты мое призвание...

Бабка: – Нет, дочка, Арбат я знаю. Кто ж его не знает?

Качок с задней площадки выдает свою версию:

– Таганка, те ночи полные огня...

Бабка: – Опять не то.

В общем, концерт в троллейбусе продолжался, не соврать, минут двадцать. Никогда не думал, что про московские улицы сложено столько песен. И что вы думаете? Вспомнили в конце концов бабкину улицу. "Сережка с Малой Бронной и Витька с Моховой". На Малой Бронной бабка и вышла, как раз мы туда подъехали.

Истории из жизни

ТАК БУДЕТ ПРАВИЛЬНЕЕ

На исдохе советской власти я работал в вычислительном центре одного ведомства, которое за давностью лет называть не буду. И случилось мне лечиться в ведомственной больнице. Обстановка там была почти домашняя, сестры и нянечки относились к больным, особенно к лежавшим не в первый раз и подолгу, как к близким родственникам. Не удивительно в общем-то: работой они дорожили, у нас и зарплата была повыше, чем в городских больницах, и публика почище. Больные отвечали взаимностью.

Если с утра из коридора доносилось звонкое: "Мальчики, готовим попочки!", обитатели палаты радостно переглядывались: Лиза дежурит! У нее была легкая рука, уколы в ее исполнении выходили не такими болючими, как у других, а клизмы – не столь унизительными.

Несмотря на общую романтическую обстановку, приударить за ней никто не пытался: Лиза, чуть ли не единственная в отделении, была счастлива в браке и не упускала случая об этом напомнить. Любой разговор она так или иначе сводила к своему Коле: что он ест, и какие передачи смотрит, и не пьет почти, и руки золотые, и с детьми возится (у них было два мальчика, лет пяти и совсем маленький), и с утра, пока все спят, натрет картошки для дерунов, и даже полы моет.

Вскоре, правда, выяснилось, что работает ее сокровище вахтером на нашем же ведомственном заводе, и еще четверть своей невеликой зарплаты платит в виде алиментов первой жене. Так что Лизе приходилось брать дополнительные дежурства, и "готовим попочки" звучало в отделении куда чаще, чем сутки через трое.

Однажды к нам поступил новый больной, Сергеич. Начальник средней руки, страшно словоохотливый, заговорил всех до полусмерти. Когда Лиза в очередной раз похвасталась мужем (на сей раз он починил соседке утюг), Сергеич ее перебил:

– Расскажи лучше, Лизавета, где ты с ним познакомилась. Поделись, где таких берут. Вот все говорят, что перевелись настоящие мужики, а ничего они не перевелись, просто места надо знать.

– Да здесь же, в больнице. Я в травме работала. А они с дружком на дачу ехали, пьяные оба. Ну, дружок на ногах не устоял и сковырнул его с платформы. А там поезд.

– Вот повезло человеку! – засмеялся Сергеич. – Напился, под поезд попал, а тут такая красавица. Вот выпишусь и тоже сигану на рельсы.

– Не советую – сухо, почти без интонации ответила Лиза. – Ему обе ноги отрезало. Под корень.

В палате стало тихо. Новички, впервые слышавшие эту историю, молчали, потрясенные, а старожилы с осуждением смотрели на Сергеича. Тот встрепенулся:

– Лизавета, да как же ты так? Ты что же, получается, за безногого вышла? Да ты у нас, оказывается, герой, Лизавета! Маресьев! Про тебя в газетах надо писать. Только ты что же? Пожалела его, убогого? Или что?

– Пожалела, да. Только не сразу. Это когда к нему жена пришла. Один раз только и навестила. Заявление принесла на развод. Он подписал, а вечером смотрю – плачет. Ну как так можно с человеком? Вот тогда и пожалела. А потом еще раз пожалела, и еще. У нас там перевязочная на ключ запиралась, удобно жалеть. А потом думаю – куда его выписывать? Не к матери же в деревню. Директор его обратно на завод взял. Денег только мало. И только устроился – приходит от этой исполнительный лист. Вот вы скажите, Иван Сергеич, зачем ей наша тридцатка? Они с новым мужем на север уехали, тыщи зашибают. Нет, говорит, пускай платит, раз по закону положено.

– Это кем же положено? – возмутился Сергеич. – Нет такого закона, чтобы с безногого инвалида алименты брать. Лизавета, пиши письмо в прокуратуру, мы поддержим. Тем более, что у вас свои дети есть, тоже небось есть просят.

– Гамбургеры они просят, – слабо улыбнулась Лиза, – только где ж их укупишь. Пооткрывали кооперативов на нашу голову. Писала я, отвечают – все правильно, по закону. Да пусть она подавится. Коля вон утюги чинит, я на две ставки работаю. Проживем.

– Лиза, – не удержался я, – а ты говорила, он полы моет. Это как?

– А так и моет. Ползком. Смеется еще. Мне, говорит, удобнее, нагибаться не надо. Ладно, мальчики, мне еще лекарства разносить.

Мы еще долго обсуждали и Лизу, и Колю, и стерву-жену, а больше всего – дебильные советские законы. Возмущались, что ничего нельзя сделать. Только последнее оказалось не совсем правдой, потому что среди возмущавшихся затесался скромный автор этих строк.

Зарплату и Колиному заводу, и Лизиной больнице начисляли у нас на ВЦ, но это же бухгалтерия, строгая отчетность, просто так 30 рублей не спишешь, все должно сходиться до копейки. Однако программиста, возжелавшего справедливости, такие пустяки остановить не могут. Нашелся вариант, не нарушавший бухгалтерского баланса.

Пришлось изменить всего несколько строк кода. Алименты с Коли удерживались в прежнем объеме, и в ведомости по-прежнему указывалось, что они отправлены почтовым переводом в Норильск бывшей жене. Вот только на бланке перевода (а их тоже печатала наша программа) имя и адрес жены подменялись именем и адресом Лизы. То есть несправедливо

Истории из жизни • 53

удержанные деньги семья тут же получала обратно.

Алиментщиков на заводе было больше сотни, вероятность, что подлог случайно вскроется, равнялась нулю. Предполагаю, что жена через какое-то время обнаружила отсутствие переводов и обратилась на завод, только мало чего добилась. Вот ведомость, вот корешок перевода. На корешке адреса получателя не было, только фамилия, а фамилии первой и второй Колиных жен естественным образом совпадали. С нашей стороны все чисто, разбирайтесь с почтой. А разобраться с московской почтой, находясь при этом в Норильске, тоже задача нетривиальная.

Конечно, рано или подно все должно было выясниться. Но это улита едет, когда-то будет. Те два года, что я после этого проработал на ВЦ, переводы исправно уходили туда, куда я их направил. А там вскоре подоспели гайдаровские реформы, и я сильно надеюсь, что к тому времени, когда улита наконец доехала и Колина бывшая жена получила причитающиеся ей деньги, на них как раз можно было купить один гамбургер.

ДАЛЬНИЙ СОРТИР

На работе сижу в крохотном кабинетике, который отделен от соседнего фанерной перегородкой, не доходящей до потолка. Там бухгалтерия, сидят три дамы. Время от времени они забывают о моем существовании и заводят разговоры, для мужских ушей не предназначенные. Много нового и удивительного узнал я от них о нас, мужиках. Но такого, как вчера, еще не слышал.

Обсуждают нового менеджера. Одна другой: мол, присмотрись к нему, перспективный товарищ на предмет погреться телом. Та:

— Да что в нем особенного? Нос большой, пиджак потертый.

— У него не только нос большой, поверь мне.

— Ты что, уже померила?

— Я не померила, я вычислила. Заметила, что он в дальний сортир ходит.

— И что?

— А то. Зеленая ты, Танька, всему тебя учить надо. В ближнем сортире поставили унитазы американской системы, в них все время вода стоит. Нам с тобой и пацанятам с американскими фитюльками все равно, а если нормальный мужик с нормальным хозяйством сядет по-большому, у него конец в воде мокнет. Мелочь, а неприятно. Он раз-другой помучается и начинает ходить в дальний сортир, к производственникам. Там унитаз простой, без воды.

— Ну ты даешь! И что, ты всех вычислила, кто ходит в дальний?

— Ага. Такой-то, такой-то..(называет штук пять фамилий). Двоих я проверила, действительно размер что надо.

Тут они перешли на что-то другое, а я с ужасом понимаю, что сам-то постоянно хожу в ближний сортир и никаких неудобств не испытываю. Сижу как оплеванный. Потом думаю: ну нет, нашего брата так просто не возьмешь! С завтрашнего дня начинаю ходить в дальний!

СВЯТОЧНО-ХОМЯЧНАЯ ИСТОРИЯ

Я иногда подрабатываю экскурсиями по Нью-Йорку. А около Уолл-Стрит, как известно, стоит бронзовый бык — символ экономического возрождения Америки и финансовой удачи ее народа. Вот благодаря этому быку мы с одной группой разговорились о памятниках разным животным. Вспомнили коня Макендонского, собаку Павлова, еще кого-то. И тут один дядечка говорит:

— А у нас в Рыбинске есть памятник хомяку.

На самом деле я не помню, какой город он назвал, может, и не Рыбинск, а Козельск или Серпухов, не суть важно. Все, конечно, удивились, как так — памятник хомяку? И дядечка рассказал эту поразительную историю.

Один парень из этого Рыбинска-Козельска, Андрей, обосновался в Москве. Кончил Физтех, женился, дочку родил. Когда грянула перестройка, без раздумий плюнул на диссертацию, организовал кооператив, за ним другой, взял в аренду бензоколонку, выкупил ее, еще одну прикупил. Потекли денежки, купил квартиру на Смоленке, жене — кучу побрякушек с брильянтами, она брильянты любила, себе — щенка мастифа, дочке тоже зверушку купил — хомяка. Хомяк оказался здоровый, с хорошую крысу, но дурак дураком. Только и умел, что спать, жрать и что ни попадя в рот тащить. Как-то попалась ему бельевая веревка, так все трое чуть со смеху не померли, глядя, как он ее за щеки запихивает. Потом померили — целый метр затолкал.

Жили они так, поживали. А тем временем в Москве начался передел собственности. Кооператоров выжили. Пришли чисто конкретые пацаны, стали рядиться, кто из них чище и конкретней. Кучу народу положили. А посреди этих разборок — Андрей со своей бензоколонкой, ни разу не чистый и не конкретный, живет-поживает и главное, сволочь такая, добра наживает. Ему раз намекнули по-хорошему, другой — не понимает. Налоговую наслали, сделали пару обысков в офисе — без толку, все чисто, не придерешься. Что ж, решили по-другому.

Сидели Андрей с женой вечером, телевизор смотрели, дочка с мастифом играла, хомяк по столу гулял. Вдруг звонок, ордер – вваливаются десять туш в камуфляже, в масках, с автоматами. Прошлись по-хозяйски по комнатам, вывалили вещи из шкафов на пол, деньги и драгоценности – на стол. Пес кинулся защищать хозяев – его сразу пристрелили. Серьезные ребята. Могли бы и с людьми так же, но обошлось. Дали подписать дарственные – на фирму, на квартиру и на все имущество. Главный Андрею говорит:

– Ты ж у нас вроде из Рыбинска? Вот и вали в свой Рыбинск и не отсвечивай. Появишься в Москве или позвонишь кому – все, покойник.

Выставили их из квартиры в чем были. Обуться, правда, позволили. Доча, глупышка, к хомяку кинулась, главный махнул рукой: ладно, мол, пусть забирает.

Декабрь уже был. Правда, теплый. Луна. Снежок падает. Андрей в спортивном костюме, жена в джинсах и свитере, дочка в кофточке и колготках. В карманах – пачка сигарет, на два доллара мелочи и хомяк этот. Ладно, добрались электричками до Рыбинска, а там что? Родители померли давно. Друзья, кто не спился, разъехались. Всей родни – двоюродная сестра с мужем-алкоголиком. Крыша над головой есть, а под крышей все пропито. Из запасов – только картошка, хлеб купить уже не на что. А жена, между прочим, в положении, ей витамины нужны, и не когда-нибудь, когда все образуется, а прямо сейчас.

Андрей сидит у сестры на кухне, пьет пустой чай. В десятый раз так и эдак прикидывает – ни черта хорошего впереди. Смотрит на хомяка: вот кому хорошо. Щеки набил так, что из-за спины видать, и больше ему ничего не нужно. Погоди-погоди, дружок, а чем это ты щеки набил? Мы ж тебя с Москвы не кормили, не до того было. Откройте-ка ротик, гражданин, покажите, что у вас там.

В общем, пока шел обыск и хомяк сидел на столе рядом с горой драгоценностей, он времени зря не терял. Затолкал в защечные мешки два браслета, кулон и пару серег. Все с бриллиантами. Причем, как заправский ювелир, выбрал самые крупные. Видимо, он их за орехи принял, а орехи, как и бриллианты, чем крупнее, тем лучше. Как застежками щеки не порвал – непонятно.

Тут у них жизнь совсем другая пошла. Назавтра продали самый маленький камешек – хватило и квартирку приличную снять, и витаминов накупить, и приодеться, и подмазать кого надо, чтоб документы восстановили. А на остальные Андрей раскрутился по привычной схеме: киоск – еще киоск – реставрация церкви – бензоколонка – хватит, пожалуй. Он бы, наверно, и с нуля раскрутился, человек талантливый, но не так быстро. Лет пять ему хомяк точно сэкономил. Спустя сколько-то времени задумался и о мести, но оказалось, что мстить некому: никто из его обидчиков не уцелел, кто в тюрьме, кто в бегах, кто в могиле, в Москве уже совсем другие люди заправляли, панымаеш, да?

Хомяк через несколько лет после возвращения в Рыбинск сдох от старости, несмотря на отборное питание и усилия лучших ветеринаров. У Андрея к тому времени уже коттедж был в центре Рыбинска, небольшой, но с садом. В саду он и поставил памятник хомяку, бронзовый, честь по чести. Он и сейчас там стоит, как символ экономического чуда и возрождения российской глубинки.

ГДЕ МОРЕ?

Рассказал друг, который увлекается горным туризмом.

Застойные годы, середина июля, утро. Терскол (это в Приэльбрусье, кто не знает). Группа сидит в холле турбазы, собирается на маршрут. Ждут проспавших, последний раз подтягивают снаряжение. Тут сверху спускаются две дамочки, которых в этот суровый край могло занести разве что нуль-транспортировкой. На них пляжные халатики, резиновые шлепанцы и соломенные панамы. В сумках угадываются надувные матрацы и полотенца. Одна обращается к обалдевшим туристам:

– Мальчики, море в какую сторону?

– Э-э... дык... так нету тут моря-то.

Другой турист:

– Есть вообще-то. Километров двести, если по прямой.

Тетка:

– Да что вы нам голову морочите! Мы из самой Сибири ехали, чтоб в море покупаться. Это же Терскол? У нас прямо в путевках написано, что турбаза на море.

Так, это уже интересно. Путевки все видели тысячу раз, что там написано – знают. Тетки достают путевку, поворачивают ее обратной стороной, где описание местности, тычут пальцем в какую-то строчку: "Вот, сами читайте!"

Там написано: "Турбаза расположена на высоте 2500 метров НАД УРОВНЕМ МОРЯ".

ТРУСИКИ

Из серии "без вины виноватые".

У меня есть приятель Сашка. Хороший человек, но сильно заторможенный в отношении женского пола. Первый брак давно распался, есть семилетний

Истории из жизни • 57

сын Костик, которого Саша обожает и регулярно берет к себе на выходные. И на этом личная жизнь в целом заканчивается.

Несколько лет после развода Сашка прожил совсем монахом. Потом друзья сжалились и познакомили его со Светой. Во всех отношениях замечательная девушка, но тоже есть маленький пунктик – страшно ревнива. Саша ей сразу понравился: он поводов для ревности не подает вообще. То есть абсолютно. Дело у них быстро сладилось, и пошли уже разговоры о форме колец и фасоне подвенечного платья. Но, видимо, Светка все же не до конца поверила своему счастью. Где-то в глубине подсознания у нее засела мысль, что Сашка такой же кобель, как и все, но хорошо маскируется. Ну, а чего человек боится, на то он в конце концов и напорется.

Поехали они на пляж. После купания Света залезла в Сашину машину, чтобы переодеться. Уронила под сиденье важную деталь туалета, сунула туда руку, достала… бац, а трусики-то не ее! Не танга, а такие скорее классического покроя, но отчетливо женские. Розовые в цветочек. На молодую и очень стройную попку.

Светка вскипела, конечно, но пока промолчала. Спрятала улику, дождалась, пока Сашка тоже переоденется и заведет машину. И так ехидненько:

– Ну-ка колись, кого ты тут возил без меня?

– А что?

– Да что-то в твоей машине женским духом пахнет.

Сашка пожимает плечами:

– Да никого. Мужиков с работы подвозил. С Костиком на пляж ездили. С Серегой на рыбалку. И все.

У Светы прямо глаза побелели от такой наглости. Она выхватила из кармана улику и замахала ей перед Сашиным носом:

– Да? А это тогда чьи? Серегины?

– Откуда это? – спрашивает Сашка.

– У тебя в машине нашла. Быстро признавайся, с кем ты тут трахался, тогда, может, прощу… или нет, все равно не прощу, но хоть буду знать, чего тебе во мне не хватало.

И заплакала.

Сашка – молчун, из него редко когда слово выдавишь. Но тут выдал целый монолог:

– Светик, за два года, что я езжу на этой машине, в ней сидело от силы пять женщин. И ни одна не снимала не то что трусов, а даже куртки. Кроме тебя, конечно. Я понятия не имею, откуда взялись эти чертовы трусы. Может, ребята подкинули для смеха. Может, у Сереги из кармана выпали. Может, ветром задуло. Но я тебе клянусь чем хочешь: у меня никого, кроме тебя, нет, и я ни о ком, кроме тебя, не думаю. Одно из двух: или ты мне веришь, и мы обо всем забываем, или не веришь, и тогда мы немедленно расстаемся.

Света сквозь слезы:

– Ладно, верю. Забыть эти трусы я не смогу, но сделаю вид, что их не было. Но это в последний раз. Еще раз найду не то что трусы, а волосинку какую-нибудь – уйду, и больше ты меня не увидишь.

Тут они, как положено влюбленным, бурно мирятся и едут к Сашке домой.

Наутро Света на волне примирения решила убраться в Сашиной квартире. Стала подметать под всей мебелью. И глубоко из-под дивана вымела – что бы вы думали? Правильно, женские трусики. Того же фасона и размера. На сей раз желтые с бабочками.

Тут она уже ничего говорить не стала. Бросила трусы ему в морду, собрала вещи и ушла навсегда. А Сашка остался с двумя парами женских трусов и полным отсутствием версий об их происхождении. Нельзя было даже списать на происки врагов, потому что врагов у него никогда не было.

Загадка разрешилась где-то через полгода. Саша в очередной раз взял Костика. Сын стал раздеваться перед сном, Саша смотрит – а на нем женские трусы! Великоваты, но кое-как держатся, мальчишка крупный. Голубые с котятами. Саша остолбенел прямо. А Костик говорит с гордостью:

– Правда красиво? Это я у мамы стянул. А то мои трусы все какие-то белые и неинтересные.

Сашка этого малолетнего трансвестита чуть не убил. На самом деле, конечно, и пальцем не тронул. Родная кровь все-таки. Накупил ему кучу белья с машинками, бэтменами и другой мужской атрибутикой.

А Светка до сих пор одна. Ну и сама виновата. Людям надо доверять.

ГУСЕНИЦА

История не смешная, но такая... оптимистичная, что ли. Я ее всегда рассказываю, когда заходит разговор о добровольном уходе из жизни.

Я тогда работал в одном интернет-издательстве, и у меня сложились очень теплые и доверительные отношения с девушкой-студенткой, подрабатывавшей там переводами с норвежского, шведского и других языков. Она этих языков знала штук пять, не считая английского. Помимо языковых талантов, она сочиняла стихи, прекрасно рисовала и вдобавок была очень хороша собой.

Но, конечно, судьба, дав одному человеку столько достоинств, не может не отнять у него что-нибудь взамен. Девушка страдала от редкой и непонятной болезни. Диагноза я не знаю, да врачи, кажется, так его и не поставили, но по моим догадкам – что-то вроде опухоли мозга. Проявлялось это в очень долгих и мучительных приступах головной боли, не снимавшихся никакими лекарствами.

Из-за болезни ей пришлось взять академ в институте и завязать с подработками. Мы продолжали общаться. Конечно, в наших отношениях был некий сексуальный подтекст, по крайней мере с моей стороны. Но никаких рамок мы не переходили, скорее я, будучи человеком намного более взрослым и опытным, играл роль старшего брата.

Болезнь прогрессировала. Оставалась надежда на какого-то знаменитого профессора, на операцию. Она легла в клинику профессора на обследование. Через пару недель звонит мне на работу и таким веселым-веселым голосом:

– Мне теперь все-все можно. Меня сейчас выписывают из клиники. Профессор сказал, что оперировать слишком поздно.

Я сорвался с работы, поймал такси, перехватил ее около подъезда. Мы сели на лавочку. Потом я узнал, что у нее на этот случай было заготовлено несколько сот таблеток снотворного и она шла домой с твердым намерением их выпить. Да, собственно, это и так было ясно. Она говорит:

– Мне осталось месяца три-четыре самое большее. У меня каждый день боли по нескольку часов, каждый день скорая, вен на руках уже не осталось. Зачем?

Она замолчала, а я, со всем своим житейским и прочим опытом, сижу и не знаю, что ей сказать в ответ. Вроде все правильно и логично. Действительно, зачем?

А мы сидели под деревом, и в этот момент мне на рубашку падает гусеница. Я инстинктивно дернулся, она улыбнулась. Я это заметил и дернулся еще раз, уже нарочито, по-клоунски. Она рассмеялась сквозь слезы.

Я говорю:

– Вот видишь, ты увидела гусеницу и засмеялась. Значит, даже такой пустяк может тебя обрадовать. А сколько еще будет таких пустяков за четыре месяца! Не торопись на тот свет, собери сначала всех гусениц.

Ну вот. С тех пор прошло лет пять или больше. Она жива, мы иногда перезваниваемся. Лекарства от ее болезни так и не нашли, но приступы сами собой стали намного реже. Она кончила институт, хорошо зарабатывает переводами. Много друзей, недавно даже молодой человек появился. Я вообще по жизни не большой праведник, но думаю, что за ту гусеницу мне многое простится на Страшном суде.

МОЙ ДОМ – МОЯ КРЕПОСТЬ

Самую яркую иллюстрацию этой фразы я видел лет восемь тому назад. Дело было на странноватом мероприятии под названием "семейный психологический семинар" или что-то вроде. Пару десятков родителей с детками от 5 до 15 лет съехались на три дня в подмосковный пансионат, где над ними купно и порознь издевались психологи с целью способствовать улучшению семейного климата и выходу на новый уровень отношений. Про результат ничего не скажу, но процесс понравился. Скучать не давали.

Среди детей был очень заметен восьми- или девятилетний мальчик с экзотическим именем Витольд. Странно изломанные руки и ноги, кривая улыбка, характерные дерганые движения – в общем, все симптомы ДЦП. Видимо, в не очень тяжелой форме: ходил он вперевалку, но бойко, разговаривал медленно, но вполне разборчиво. Другие дети, которые обычно непохожих на себя отвергают, с ним охотно общались. Не совсем, правда, бескорыстно: Витя подкупил их роскошным набором трансформеров, игровой приставкой, с которой он на удивление ловко управлялся, и энциклопедическими познаниями в биографиях черепашек ниндзя и прочих покемонов.

Витина мама, Света, поначалу не выделялась ничем, кроме трогательной нежности к сыну и удивительного уюта, наведенного ей в стандартном гостиничном номере. Она почти не общалась со взрослыми, предпочитая общество Вити и его товарищей. Но психологи – это такие люди, которые разговорят даже немого. На занятиях все мы выдали какие-то свои сердечные тайны. Разговорилась и Света.

Муж ее, конечно, сбежал через месяц после рождения Вити. Врачи ничего хорошего не прогнозировали. Хорошо бы массаж, но очередь на два года, хорошо бы тренажеры, но у нас таких нет. Швах, короче. Но Света оказалась девушкой со стержнем. Поняв, что в родном городе от медицины ничего не добьешься, перебралась в Москву. Чтобы зарабатывать не отходя от сына, с нуля освоила компьютер. Да как – через два года администрировала из дома десяток баз данных, оплачивала квартиру и целую армию врачей, массажистов и логопедов. Ну и сама с ним занималась по восемь часов в сутки. В общем, все нормально, только спать некогда.

Я не специалист, знакомых, как-то связанных с ДЦП, у меня раз-два и обчелся. Не знаю, является ли то, что Света сделала, чудом. Думаю, да. В три года мальчик начал ходить, в три с половиной заговорил. В семь пошел в обычную школу. Чего это Свете стоило, можно только догадываться, но

Истории из жизни • 61

при упоминании о чиновниках роно она менялась в лице, и в ее голосе появлялись странные металлические нотки. Впрочем, на упоминание чиновников минздрава она реагировала так же.

После этого рассказа на Свету уже стали смотреть более внимательно. Я, на тот момент отец-одиночка, грешным делом даже подумал, не познакомиться ли с ней поближе. Но потом рассудил, что не потяну. Не по моим плечам ноша.

Так вот, о доме. На второй или третий день семинара нам раздали по огромному листу ватмана и велели изобразить на них композицию на тему "Мой дом". Что-то важное эти композиции должны были рассказать профессионалам о наших душах. Времени отвели часа полтора или два. В изобразительных средствах не ограничивали, краски, фломастеры, карандаши, пластилин, цветная бумага и прочие канцтовары имелись в изобилии. Запрещалось только общаться в процессе творчества и подсматривать, что делают другие.

Через два часа стали по очереди представлять работы. Большинство нарисовало более или менее реалистические домики, кое-кто ограничился абстрактными каляка-маляками. Один концептуалист-самоучка просто написал на листе черной краской: "Это мой дом". Но всех поразило то, что сделала Света.

На ее листе ватмана стоял крохотный настоящий дом, сложенный, как из бревен, из распиленных на четыре части карандашей. Картонная двускатная крыша, из таких же "бревен" колодец рядом. Тенистый сад — кусты и деревья с кронами из папиросной бумаги. Забор из зубочисток. Огород с пластилиновыми грядками, на которых растут пластилиновые же кочаны капусты. Целлофановая гладь пруда с горбатым мостиком и миниатюрными пластилиновыми лягушками. На берегу скамейка, на ней – женщина и мальчик. Фигурки вылеплены очень тщательно, угадывается даже портретное сходство. И еще множество мелких деталей, совершенно непонятно, как это можно было успеть за отведенное время. Удивительное ощущение патриархальной деревенской тишины, покоя и уюта. Все это очарование занимало едва десятую часть листа, остальное пространство оставалось свободным.

Мы все столпились вокруг, рассматривая это чудо. Наконец кто-то выдохнул:

– Как красиво...

– Да, – подхватил другой. – Но все такое хрупкое, беззащитное.

– Хрупкое? – переспросила вдруг Света, и в ее голосе зазвенели знакомые металлические нотки. – Беззащитное? Черта с два! Смотрите!

Она потянула вверх свободный конец листа, закрывая им свой пластилиновый мирок от чужих взглядов. Мы отпрянули.

На нижней стороне листа, которая теперь стала крышей, были неаккуратно, но крупно и размашисто – так рисуют девятилетние мальчики – в изобилии нарисованы танки, пушки, самолеты, ракеты и прочая амуниция, не оставляющая сомнений, что соваться сюда не стоит. Мой дом – движение рукой – моя крепость.

После семинара мы больше не виделись. Сейчас Вите должно быть лет 16-17. Надеюсь, у них все хорошо. С такой-то защитой.

Я сейчас скажу одну крамольную вещь. Знаю, что она напрочь убьет рейтинг этой истории – ну и черт с ним, с рейтингом. Судя по всему, ни у Светы, ни у Витольда не было ни капли еврейской крови. Но когда я вспоминаю этот крохотный волшебный мирок, мгновенно ощетинивающийся всеми видами оружия, – я думаю о государстве Израиль.

БЛИЗНЕЦЫ

У московской знакомой два сына. Близнецы, три с половиной года. Один – смышленый хорошо развитый парнишка. Другой... тоже не дурачок, но не говорит. Совсем. Родовая травма. Врачи уверяют, что интеллект сохранен и речь тоже постепенно наладится, еще брата переговорит, надо только не опускать руки и продолжать заниматься. Но пока, пытаясь что-то сказать, мычит, кривит мордаху, тычет пальцами, на посторонний взгляд выглядит дебил дебилом.

Родители знакомой переехали на новую квартиру и взяли внуков погостить. Дедушка пошел во двор погулять с тем, который не говорит. На площадке, как водится, толпа мамаш с отпрысками. И одна тетка, увидев, как мальчик мычит и кривится, начала громогласно возмущаться: мол, понарожают уродов по пьяни неизвестно от кого, а нам их потом содержать на наши налоги, надо таких ублюдков усыплять маленькими, и дальше по нарастающей в том же духе. Остальные мамаши – кто поддакивает, кто молчит в тряпочку. Известное дело, как у нас к таким деткам относятся. Дедушка пытался что-то объяснить, но человек пожилой, интеллигентный, от базарных свар отвык, он ей слово – она в ответ двадцать, из них десять матом. Малыш, наслушавшись этих воплей, от страха описался. Дед повел его переодевать. Тетка, увидев, что поле битвы осталось за ней, торжествующе закричала в спину:

– Вот-вот, убирайся! И ублюдка своего забирай и не приводи больше, пока говорить не научится!

Бабушка оставила внука дома – ему как раз пора было заниматься – и

Истории из жизни • 63

отправила деда гулять со вторым близнецом. Тетка, видя, что дед с внуком возвращаются, стала орать еще громче, что она такого безобразия рядом со своим ребенком не потерпит и двор для нормальных детей, а не для немых дебилов. Пацан, конечно, офигел от такого ласкового приема и на весь двор звонким детским голосом:

– Деда, а чего тетя на нас плохими словами ругается? Она дура, да? Дай ей по голове палкой!

Тетка поперхнулась на полуслове. Остальной двор тоже замер в обалдении: немой заговорил! И в наступившей тишине дедушка подытожил:

– Мы, как видите, в вашем культурном обществе сразу научились разговаривать. Теперь ваша очередь. Ступайте домой и не возвращайтесь, пока не отучитесь от хамства.

СУЕТА ВОКРУГ ДИВАНА

История отчасти напоминает "Понедельник начинается в субботу" (любимая книжка!), ночевку Привалова в избе на курногах. На случай, если кто-то вдруг не читал, коротко изложу. Старуха почему-то постелила ему на полу, хотя в комнате стоял вполне приличный на вид диван. А когда он нахально перелег на диван и заснул, тут-то и началась вся эта фантасмагория с русалками на ветвях и говорящими котами. Оказалось, что диван не простой, а волшебный и транслирует обычную реальность в сказочную.

Мне, после нескольких лет жизни за границей, потребовалось посетить Санкт-Петербург. Деньги на гостиницу, прямо скажем, были, но мама некстати вспомнила, что вдова моего троюродного дяди живет совсем одна в двухкомнатной квартире практически на Невском. Из того, что дядя когда-то носил меня, двухлетнего, на руках, а тетушка обожала мужа, мама сделала логически небезупречный вывод, что Эмма Марковна будет мне очень рада.

Тетушка оказалась величественной, несмотря на очевидную бедность, дамой лет семидесяти, наполовину глухой, но в остальном прекрасно сохранившейся. Она долго потчевала меня на кухне чаем с сухариками и рассказами о покойном муже.

Мой дядя, как выяснилось, был не просто так дядей, а светилом оборонной науки, автором нескольких книг и лауреатом разнообразных премий. Он умер около двадцати лет назад, внезапно и загадочно: во время домашней вечеринки, посвященной присуждению очередной премии, прилег на диван, а когда гости разошлись и тетушка решила его разбудить, тело уже остыло. Причина смерти осталась невыясненной: дядя регулярно проходил диспансеризацию, ежедневно делал зарядку с пудовой гирей и по всем параметрам был здоров как бык.

Эмма Марковна так и не оправилась от его смерти, в чем я убедился непосредственно после ужина. Тетушка торжественно провозгласила: "А сейчас я покажу тебе Его комнату" – и огромным ключом отперла дверь в одну из комнат своей квартиры. Большой, тридцатиметровый, наверное, зал был превращен в музей-квартиру. Со всех стен на меня смотрели дядины фотографии в разные периоды его жизни, между ними располагались авторские свидетельства и медали ВДНХ. Письменный стол у балконной двери был завален бумагами и выглядел так, словно человек только что из-за него встал, вот только все газеты и журналы на нем датировались 85-м годом. Еще один стол, обеденный, изображал роковую вечеринку: на нем стояли чашки и блюдца, слава богу, пустые и чистые, и несколько початых бутылок, среди которых я с легким уколом ностальгии узнал токайское вино и "андроповку" с зеленой наклейкой. У одной стены стоял широкий кожаный диван – последнее пристанище покойного дяди, у противоположной – супружеская кровать с подушками в вышитых наволочках.

Тетушка провела меня по комнате, останавливаясь у каждого экспоната и хорошо поставленным голосом экскурсовода рассказывая, за что Георгий Львович получил очередную премию и с кем он изображен на очередном фото. Окончив экскурсию, она с глубокой задумчивостью спросила:

– Куда же мне тебя положить?

Сама она обитала во второй комнате, девятиметровой, сплошь заставленной и заваленной стариковской рухлядью.

– Может, на диван? – нерешительно предложил я.

– Что ты, – возмутилась тетушка, – как можно! Ведь это же Его диван! Иногда Он сюда приходит. Я замечаю, что сдвинут стул или подушка. А один раз оставил кровавое пятно.

Откровенно говоря, в этот момент мне следовало подхватить чемодан и исчезнуть в направлении ближайшей гостиницы. Но сил после двенадцатичасового перелета не осталось, и я обреченно наблюдал, как Эмма Марковна приволокла откуда-то едва живую раскладушку, поставила ее в комнате-музее у самой двери и застелила сомнительной свежести бельем. Засыпая, я услышал щелчок замка: тетушка перед сном по привычке заперла комнату снаружи. Стучать и кричать ввиду ее глухоты было бесполезно, оставалось надеяться, что тетушка не совсем еще выжила из ума и не забудет отпереть меня утром, а в крайнем случае можно позвонить ей с сотового.

Истории из жизни • 65

Как и следовало ожидать, раскладушка развалилась после того, как я в третий раз повернулся на другой бок. Восстановлению она не подлежала, спать на полу оказалось невозможно, и я решительно перетащил постель на диван, искренне надеясь, что покойник простит мне вторжение на его территорию. Тут в голове всплыла вышеописанная сцена из "Понедельника". Посмеявшись над сходством моего положения с положением Привалова, я стал засыпать. Но мысли уже двинулись в определенном направлении: покойники, русалки, говорящие коты...

Мне снился покойный Георгий Львович. Сойдя сразу со всех своих портретов, он ходил вокруг меня, шаркал ногами, чем-то скрипел и завывал замогильным голосом:

– Отдай диван, ублюдок!

– Это не диван, – заученно отвечал я. – Или, в доступной для вас форме, это есть не совсем диван.

– Вы это прекратите! – орал покойник и тянулся скрюченными пальцами к моему горлу.

Я содрал закрутившуюся вокруг шеи простыню и наконец проснулся. В комнате было темно. У противоположной стены, судя по всему, происходил шабаш ведьм: что-то там выло, стонало, стучало и ухало на тысячу голосов.

Должен сказать, что я сугубый материалист и в нечистую силу никогда не верил. Если бы не двенадцать часов в самолете, комната покойника, диван и русалки, я наверняка реагировал бы более адекватно. Но учитывая все перечисленные факторы... Я набрал полную грудь воздуха и заорал изо всех сил:

– Сгинь, нечистая!

И дальше почему-то по-английски:

– Стоять, так твою перетак! Оружие на пол, руки за голову!

Ответом мне был полный запредельного ужаса, переходящий местами в ультразвук женский визг.

Через минуту, все еще вздрагивая и вытряхивая из ушей остатки визга, я наконец сподобился включить свет. В кровати, натянув до подбородков одеяло и глядя на меня квадратными от ужаса глазами, лежала парочка. Девушка была совсем зеленого цвета, и ее участие в разговоре ограничилось громкой икотой. А мужик, слегка заикаясь, спросил:

– Т-ты кто?

– П-племянник, – я тоже слегка заикался.

– Врешь, это я п-племянник.

Эмма Марковна оказалась не так одинока, как мы с мамой думали. У нее нашелся еще один троюродный племянник, работяга с Путиловского (кстати, по имени Витька – еще один привет от братьев

Стругацких). Тетушка отношений с ним не поддерживала, но несколько лет назад попросила за небольшую мзду сварить железную решетку для балкона. Сложив в один пасьянс тетушкину глухоту, ее образ жизни и пустующую шикарную комнату в центре Питера, Витька задумал и осуществил дерзкий план по превращению дома-музея в дом свиданий. Для этого потребовалось только слегка изменить конструкцию решетки, чтобы ее можно было открыть с наружной стороны. Код подъезда он знал, а перелезть на балкон из окна лестничной площадки было проще простого. С тех пор Витька регулярно приходовал в дядиной комнате разнообразных дам, удачно скрывая свои похождения от жены. Пока наконец не нарвался на меня.

С Витькой мы почти подружились. Икающую девицу с горем пополам отпоили бывшим токайским (во что оно превратилось после двадцати лет выдержки, сказать не могу, не решился попробовать). Неразрешимую проблему представляло мокрое пятно, оставленное ею с перепуга на тетиной простыне. Попытки ликвидировать пятно путем размахивания простыней перед вентилятором ни к чему не привели. Пришлось заправить кровать как есть и надеяться, что тетушка ничего не заметит.

Под утро я проводил гостей через балкон и перетащил свою постель обратно на пол. Как только тетушка меня отперла, даже не попив чаю, удрал в гостиницу, где наконец выспался. Телефонами мы с Витькой не обменялись, так что ни о дальнейшей судьбе девицы, ни о том, как пережила испытание Витькина потенция, ничего сообщить не могу. Когда моя мама позвонила Эмме Марковне поздравить ее с днем рождения, та разговаривала с мамой подчеркнуто сухо и в конце концов открыто заявила, что мамин сын, то бишь я, – невоспитанный дикарь, в грош не ставящий чувства других людей, не знающий элементарных приличий и вдобавок страдающий энурезом.

СУДЬБА ДЕД-МОРОЗА В ПЕРЕСТРОЙКУ

Когда мои дети были маленькими, к ним из года в год приходил один и тот же дед Мороз, выделяемый профсоюзной организацией тестя. Высокий, очень колоритный дядька по имени Солик (Соломон), национальность соответствующая. В свободное от раздачи подарков время разрабатывал станки с ЧПУ, по словам тестя – весьма успешно. Дети к нему привыкли и только его считали подлинным дед-Морозом, а остальных – жалкими подделками.

Потом пришли новые времена, и станки с ЧПУ стали никому не интересны. Институт развалился, начальство занялось сдачей помещений в аренду, остальные сотрудники разбрелись кто куда. Солик посмотрел-посмотрел на это дело и вслед за соплеменниками отправился в южную обетованную страну, где ни о каких морозах, ни с большой, ни с маленькой буквы, отродясь не слыхали. Дети, которые к тому времени слегка подросли и вроде бы в сказки уже не верили, очень этой новости огорчились.

А в следующем декабре старшая дочка разговорилась в транспорте с какой-то словоохотливой старушкой. Та стала говорить, что вот, Новый год скоро, дед Мороз придет, подарки принесет.

– Нет, – печально ответила дочка, – дед Мороз больше никогда не придет. Он уехал в Израиль. И там растаял.

III.

ИЗ ЖИЗНИ ЭМИГРАНТСКОЙ

БОЛЬШОЕ СЕРДЦЕ НЬЮ-ЙОРКА

Мой шеф – яркий пример успеха русского человека в Америке. В России работал в каком-то закрытом НИИ. Сюда приехал почти в 40, без денег, без статуса, без связей. Начинал с того, что в грязном подвале ремонтировал приемники, украденные неграми с машин. Шаг за шагом, ступенька за ступенькой – через 14 лет главный инженер (СТО по-здешнему) немаленькой фирмы, владелец энного количества акций, кирпичного дома, десятка галстуков каждый стоимостью в мою машину и прочего. Как-то при мне его потянуло на воспоминания о начале трудового пути. Рассказывает:

«Встретили нас в аэропорту родственники жены, век бы их не видел. Привезли в какую-то конуру в Бруклине, говорят: мы заплатили за первую неделю, привыкайте жить самостоятельно, здесь вам не Союз, никто за ручку водить не будет. И уехали. Тараканы, мебели нет, замки не закрываются, за окном помойка, ходят черные толпами, что-то лопочут, ни слова не понятно.

Назавтра жена осталась сторожить конуру, а я поехал по объявлению в какую-то контору в Манхэттене. Сижу в метро, уставился в карту, ни черта в ней не понимаю. В голове полный месс: как жить, что делать, что есть, чем за квартиру платить – ничего не понятно. По вагону идет здоровый негр, одет лучше меня, но видно, что нищий: в руках коробка из-под ботинок, тычет ее пассажирам, ему туда деньги кладут. Подошел ко мне, я ему на своей сотне английских слов говорю: извини, мол, братишка, ничего у меня нет, только вчера в Америку приехал.

У негра глаза по квотеру. Риалли? – спрашивает. Риалли, говорю, куда уж реальнее. И тут он молча кладет свою коробку с деньгами мне на колени и выходит на остановке.

И вот тогда я понял, что в Америке не пропаду.»

STRAWBERRY FIELDS

Когда-то очень давно Паша Краснопольский был моим соседом по даче. Участки принадлежали нашим тещам, мы появились там почти одновременно и сразу подружились. Нас многое связывало: оба приехали в Москву из провинции, рано женились, быстро наплодили детей – через несколько лет на даче пасся уже целый выводок, двое моих и трое Пашкиных. Оба не то чтобы были подкаблучниками, но уважали жен и не отлынивали от семейных обязанностей. В том числе копались на огородах.

Мне повезло: моя жена относилась к садоводству без фанатизма, тесть и теща им совсем не интересовались. Так что я работал ровно столько, сколько сам полагал нужным. Малину видно среди крапивы – и хорошо. Паше приходилось туже, на их участке (а участки были старые и большие, по 8 с лишним соток) был засеян буквально каждый клочок. Всю осень варились варенья, закатывались соления и компоты, зимой все это съедалось, несъеденное раздавалось друзьям, и весной цикл начинался сначала. Половину участка занимала самая трудоемкая культура – клубника. С рассвета и до заката Паша полол, рыхлил, поливал, подрезал, окучивал, подкармливал, изредка прерываясь на то, чтобы наколоть дров или шугануть детишек.

Вечером, покончив с делами, Пашка частенько заходил ко мне с бутылкой наливки. Выпив, он всегда заводил один и тот же разговор:

– Ты не думай, я Любашу люблю и детей тоже, и теща хороший человек. Но больше так не могу. От этих клубничных грядок тошнит уже. Свобода мне нужна, ты понимаешь, свобода!

– Да забей ты на огород, как я. Поорут и перестанут.

– Да собственно дело не в огороде. Свобода – это... ну как тебе объяснить? Вот представь – прерия... и ты скачешь на коне, в ковбойской шляпе, лассо в руках... и ни одной души до самого горизонта, только твое ранчо где-то вдалеке. Вот это – свобода! А это – тьфу! – и Пашка с ненавистью оглядывался на свой образцово возделанный участок.

Шел 85-й год, в Москве начался второй всемирный фестиваль молодежи. На следующее лето Любаша приехала на дачу с детьми и бабушкой, но без Пашки. На расспросы она не отвечала, точнее, отвечала, но в этих ответах было очень много эпитетов и очень мало смысла. Как я понял, Пашка закадрил на фестивале какую-то иностранку и с нею сбежал. Как выглядел его побег с точки зрения виз, развода, алиментов и прочей бюрократии – не спрашивайте, не знаю.

Прошли годы, очень много всего случилось и с миром, и со мной. Никогда не думал, что попаду в Америку, но вот попал. И не так давно, путешествуя по стране с молодой женой и младшим ребенком, где-то в Северной Каролине, как говорят американцы – in the middle of nowhere, свернул с шоссе, чтобы купить у фермеров свежих овощей и фруктов. Здесь фермеры продают урожай вдоль дорог, прямо как где-нибудь под Рязанью, только цивилизованней, в маленьких лавочках.

На парковке стоял замызганный фермерский грузовичок, к нему была привязана оседланная лошадь. Тощая и веснушчатая, но довольно симпатичная для американки фермерша торговала овощами, сыром, домашним вареньем, очень вкусным самодельным хлебом. Но главной специализацией фермы были ягоды. Мы купили всего понемножку, а клубники – много, клубника была замечательная.

Пока я укладывал покупки в машину, из лавочки вышел самый настоящий ковбой, словно только что сошедший с экрана вестерна. Сапоги, замшевая куртка, шляпа, шейный платок – недоставало только кольта. Ковбой сел на лошадь, повернулся – и тут я его узнал.

– Паша! – заорал я. – Черт тебя побери! Пашка! Краснопольский! Как ты тут очутился?

Ковбой соскочил с коня и кинулся обниматься.

– Знаешь, – признался он, – меня уже двадцать лет никто не называл Пашкой. Я теперь, понимаешь ли, Пол Редфилд.

В тот день мы не поехали дальше, заночевали у Паши на ранчо. Когда жены и дети отправились спать, новоявленный Пол Редфилд повез меня – на грузовичке, не на лошади – в местный бар, где мы до утра пили пиво в компании его друзей, таких же сошедших с экрана ковбоев. После третьей кружки меня уже не оставляла мысль, что в салун вот-вот ворвутся индейцы, и начнется стрельба.

На обратном пути Пашка остановил машину на пригорке, достал две сигары. Мы вышли и закурили. Вокруг, насколько хватало глаз, простирались поля, подсвеченные восходящим солнцем. Было красиво и очень тихо.

– Это моя земля, – сказал Пашка. – Вот от этого столба и во-о-он до того – кругом моя земля.

Дальний столб я не разглядел, а ближний видел сразу в двух экземплярах, но общий смысл уловил.

Истории из жизни

– Паш, – сказал я, – а ведь это та самая свобода, о которой ты всегда говорил. Ты мечтал об этой свободе, мечтал, и вот теперь наконец получил ее. Да?

Пашка крепко задумался. И только когда закончилась сигара, спросил:
– Ты помнишь, сколько было клубничных грядок на моей даче?
– Сотки четыре?
– Три. А здесь – одиннадцать акров. Вот и вся, блин, свобода.

P.S. 11 акров – это, чтоб вы знали, порядка 450 соток. Для Северной Каролины – вполне средняя ферма.

ИСТОРИЯ О РУССКОМ ГЕНИИ И АМЕРИКАНСКОЙ СМЕКАЛКЕ

Рассказал один знакомый доктор. Занесло его за каким-то чертом-дьяволом в американскую глубинку, не то на стажировку, не то на конференцию. Штат Канзас, если мне память не изменяет. Прямо посреди кукурузного поля стоит новехонький госпиталь, оборудованный по последнему слову техники. Доктор там, в числе прочего, снимал показания с каких-то мудреных медицинских приборов.

Вот, значит, снимает он показания, а прибор вместо нормального графика начинает показывать фиги с маслом. Доктор зовет дежурного техника, тот с видом ученой обезьяны тычет в кнопки и говорит:
– О-о-о, тяжелый случай, надо звать Бэзила.

Звонит куда-то, и через полчаса является парочка. Впереди молодой мулат с видеокамерой, очевидно не Бэзил. За ним мужичок – тоже явно не Бэзил, потому что дядя Вася-сантехник. Как будто его только что вынули из бойлерной и прямо так перенесли в Канзас – с трехдневной щетиной, чинариком на губе (курить в госпитале строжайше запрещено!) и носом, в прожилках которого читается вся история российского алкоголизма.

Дежурный берет дядю Васю, как маленького, за руку, подводит к прибору и тычет пальцем в фиговые показания. Дядя Вася кивает – понял, мол, достает из кармана отвертку, в мгновение ока разбирает прибор на составляющие и начинает его ремонтировать. При этом он подробнейшим образом объясняет мулату свои действия. Правда, английских слов в его речи всего три: "зис", "зэт" и "окей", а остальное – русский, преимущественно матерный. Мулат, нисколько не смущаясь таким языковым несоответствием, радостно лыбится и снимает весь ход ремонта на камеру.

Через десять минут прибор показывает ровно то, что надо. Дядя Вася с мулатом собирают инструменты и сваливают. Доктор, слегка отойдя от офигения, спрашивает дежурного, что это было за явление природы. Дежурный поясняет:

– У нас своих опытных ремонтников нет, вот, прислали этого из Нью-Йорка. Золотой человек, знает наизусть всю госпитальную технику, может починить что угодно. Раньше мы чуть что вызывали специалистов из фирмы-производителя, теперь горя не знаем, экономим миллионы долларов. Вот только по-английски совсем не говорит, научить никого не может. Если сопьется или вернется обратно в Нью-Йорк – все, мы пропали. Вот директор и распорядился снимать всю его работу. Мы потом эти записи отправляем в Нью-Йорк, там один парень их переводит. У нас скоро будет полный комплект видеоинструкций на все случаи поломок.

А вы говорите – утечка мозгов.

ТЕОРИЯ И ПРАКТИКА

У знакомого знакомых, молодого, но уже довольно известного физика-теоретика, рядом с домом растет неслабых размеров дерево. После пронесшегося над атлантическим побережьем урагана огромная ветка, нависавшая прямо над крышей, начала угрожающе скрипеть и потрескивать. Стало ясно, что ее нужно срочно спилить. Чтобы упавшая ветка не повредила дом, требовалось очень точно рассчитать траекторию падения, место и направление распила.

В субботу утром физик приступил к делу, позвав на помощь двоих соседей. Дело происходило в преподавательском поселке университета Стони-Брук, поэтому неудивительно, что один сосед тоже был физиком-теоретиком, а другой – математиком, специалистом по теории множеств.

Чтобы вычислить массу криволинейной ветви переменной толщины, пришлось взять несколько не очень сложных интегралов. Затем в расчет добавили более тонкие ветки. Учли силу и направление ветра, сопротивление воздуха, коэффициент упругости древесины, крутящий момент, дивергенцию и ротор. Стопка бумаг на кухонном столе быстро покрывалась формулами. Увлекшись, стали выводить универсальное уравнение, описывающее поведение ветки произвольной конфигурации в N-мерном пространстве. Незаметно стемнело.

Вечером следующего дня жена физика, отчаявшись заставить мужа перейти наконец от теоретических выкладок собственно к пилению, позвонила в озеленительную контору. Приехали два неграмотных мексиканца, безо всяких предварительных расчетов аккуратненько отпилили ветку, получили 50 долларов за труды и уехали, оставив хозяйку в печальных раздумьях о природе непреодолимого барьера между теорией и практикой.

Три теоретика даже не заметили ни появления рабочих, ни исчезновения ветки. Они давно перешли от кухонного стола к компьютеру хозяина, куда перенесли все сделанные расчеты. Оказалось, что выведенная вчера формула после небольших преобразований прекрасно описывает не объясненные до сих пор странности в поведении некоторых элементарных частиц. Тема тянула как минимум на статью в научном журнале, а как максимум – на грант в пару миллионов долларов.

МЕСТЬ СКУНСА

Жители частных домов в американских пригородах очень не любят скунсов. Не удивительно: говорят, что их запах может держаться до пяти лет. Собаку, на которую брызнул скунс (а это частое явление, поскольку собаки любопытны, а скунсы пугливы) отмыть невозможно, проще пристрелить.

Американское правительство предпринимает некоторые меры по сокращению поголовья этих милых зверюшек, что очень не нравится "зеленым" (которые в большинстве своем живут в городских квартирах и знакомы со скунсами только по мультику "Бемби"). По этому поводу не первый год идет дискуссия в прессе. И вот один вашингтонский журналист на свою голову принял участие в этой дискуссии – разумеется, на стороне правительства, поскольку живет он в собственном доме в пригороде.

Зоологам неизвестно, читают ли скунсы "Вашингтон пост". Судя по последующим событиям, все же читают. Нет, они не устраивали демонстраций протеста и не подкарауливали журналиста, его жену и дочь в темных углах. Их месть была точечной, но крайне эффективной. Глубокой ночью один-единственный скунс подкрался к дому журналиста и произвел один-единственный "выстрел". Но куда! В воздухозаборник вентиляционной системы дома.

Произведенному эффекту позавидовал бы сам Бен Ладен. Через минуту в доме воняло абсолютно все. Семье журналиста пришлось с позором бежать из дома и переселиться в мотель. Выкинуть всю одежду и купить новую. Нанять для тщательной обработки дома специальную бригаду, услуги которой обошлись в 50 тысяч долларов. Но все эти меры нисколько не помогли. Журналисту в редакции сказали: мы тебя очень ценим, но следующие статьи присылай, пожалуйста, по электронной почте. Жене, которую на работе ценили несколько меньше, пришлось уволиться. Дочку два раза избили в школе.

За месяц у человека полностью меняется верхний слой кожи, поэтому тела в конце концов пахнуть перестали. Но вот с длинными волосами жене и дочке пришлось расстаться.

С тех пор журналист опубликовал множество острых и язвительных статей о политике Буша, махинациях со страховками, черном расизме и других проблемах американского общества. Он не боится задеть самых влиятельных лиц и хорошо известен в Америке своим едким сарказмом. Но вот темы диких животных он больше никогда не касался.

ЯРКАЯ ИНДИВИДУАЛЬНОСТЬ

Типа предисловия. Говорят, Максима Штрауха (который в кино играл Ленина) когда-то попросили выступить перед актерами провинциальных театров. Штраух вышел на сцену, глянул в зал… а там полный зал Лениных! Все как один невысокие, плотные, лысые, с бородками, в тройках. Привезли со всех мест исполнителей этой роли перенимать опыт. Штраух, глядя на них, чуть умом не тронулся. А вот похожая история из жизни.

Один мой товарищ в молодости всерьез увлекался то пешим туризмом, то Шамбалой, то православием, чуть в монастырь не ушел. Потом вернулся в материальный мир, сейчас на солидной должности в международной фирме. Как дань увлечениям юности он носит длинную бороду и кудри до плеч, а как дань нынешней ответственной должности – всегда в темном костюме с белой рубашкой и галстуком. В целом ни дать ни взять оживший портрет Менделеева, бросается в глаза в любой толпе, раз увидишь – ни с кем не спутаешь. Кстати, страшно гордится своей неповторимостью. Да, важно еще, что он хотя и брюнет, но стопроцентный русский.

Тут он был по служебным делам у нас в Нью-Йорке, виделся со мной и рассказал, в какой просак попал накануне. Знакомые попросили его встретиться с девушкой, которая приехала сюда по программе обмена и забыла дома какой-то важный документ – вот документ он и должен был передать. Дальше с его слов:

– Позвонил ей, договорились встретиться в метро в шесть вечера. Она спрашивает: а как мы друг друга узнаем? Я говорю: за это не волнуйтесь, у меня длинная борода и черные волосы, я буду в черном костюме и белой рубашке, не ошибетесь. Она тоже как-то себя описала, но я не вслушивался: какая разница, меня-то не узнать невозможно по определению.

– А на какой станции встречались?

– На Crown Heights (примечание рассказчика: нью-йоркцы меня уже поняли, а для остальных поясню, что этот район облюбовали религиозные евреи-хасиды).

– И что?

– Ну ты понял. Выхожу на станции и как будто в страшный сон попал. Толпа народа, и все до единого черные, бородатые, в черных пиджаках и белых рубашках. Никогда такого ужаса не испытывал, вся моя яркая индивидуальность потерялась среди них как песчинка в калейдоскопе. Конечно, они все в шляпах, а я нет, и покрой пиджака другой, но разве в такой толпе такую мелочь заметишь? И сотового у нее нет. Стою и кричу как дурак в пространство: Наташа, Наташа!

– Ну нашла тебя девушка в конце концов?

– Я ее нашел. Она там единственная была в джинсах, сразу в глаза бросилась.

МУРЗИК И МИСТЕР КВАКЛИ

В городе-герое Бруклине, на третьем этаже обычного четырехэтажного дома без лифта живет семья моих друзей: папа Яша, мама Маша, дочка Ника и кот Мурзик. А квартиру под ними снимает вредный старик, который терпеть не может "этих русских" и чуть что жалуется на них в менеджмент дома. То ему ломают потолок (Ника играла в мячик), то шумят после 10 вечера (в четверть одиннадцатого Ника прошла на кухню попить воды), то заводят стиральную машинку (официально стиральные машины в доме запрещены, но в действительности они есть у всех и никому не мешают: Нью-Йорк – не Америка, а обитатели недорогих съемных квартир далеко не так законопослушны, как жители американской глубинки).

При этом сам сосед не стесняется ночи напролет стучать клюкой об пол и передвигать мебель. О чем достоверно известно от Машиной мамы, которая живет на первом этаже в том же подъезде. Фамилия старика Квинсли, но Ника давно переименовала его в мистера Квакли – так зовут противного лягушонка из детской книжки.

История случилась в позапрошлом ноябре, когда Нике было семь, а Мурзику – чуть меньше года. Домашние животные в доме тоже запрещены, поэтому существование Мурзика держали в секрете от всех соседей, а особенно – от мистера Квакли. За год котик ни разу не был на улице и вообще кроме родной квартиры бывал только на первом этаже у бабушки, куда его иногда относили в сумке. От такой жизни у Мурзика развился невроз: он жутко боялся чужих и при виде постороннего человека начинал в ужасе метаться по квартире, отыскивая пятый угол.

На самом деле, несмотря на запрет, кошек и собак в их доме не меньше, чем в любом другом. Существует негласное, но достаточно четко соблюдаемое правило: если животное все же завели и за год на него не поступило ни одной жалобы, дальше считается негуманным разлучать зверя с хозяевами, и менеджмент перестает реагировать на жалобы типа "уберите его, оно тут живет", а реагирует только на экстраординарные события вроде укуса. Каким образом хозяева доказывают, что год уже прошел, точно не знаю. Видимо, предъявляют справку от ветеринара. Вот такой аналог бурно обсуждаемой ныне амнистии нелегалов.

К моменту описываемых событий Мурзику до перехода на легальное положение оставалось меньше месяца. И тут случился День благодарения. Отметить его было решено у бабушки. С утра Маша жарила и парила, а ближе к вечеру процессия двинулась на первый этаж. Яша нес индейку, Маша – судки с салатами, а Ника – Мурзика.

Причиной происшествия стало роковое стечение двух обстоятельств. Во-первых, куда-то задевалась кошачья сумка, и девочка несла котика легкомысленно завернутым в шарфик. А во-вторых, к соседу пришли гости. У мистера Квакли имеется не меньше дюжины детей, внуков и других отпрысков, рослых, бесцеремонных и очень шумных. Весь год они никак не напоминают о своем существовании, но в День благодарения являются в полном составе поесть жареной индейки, по части приготовления которой мистер Квакли, как вскоре выяснится, большой дока.

В момент, когда мои друзья проходили площадку второго этажа, одна порция младших Квакли как раз входила в квартиру, а другая поднималась снизу по лестнице. Шум и грохот, который они при этом производили, мог бы напугать и обкуренного гиппопотама, а не только впечатлительного котика. Перепуганный Мурзик мгновенно выпростался из шарфика, метнулся по площадке и в поисках пятого угла влетел в квартиру мистера Квакли.

В типовых американских квартирах нет прихожей, входная дверь открывается прямо в гостиную. Поэтому Маша с площадки могла лицезреть явление Мурзика народу во всей красе. Стоп-кадр: изящно сервированный длинный стол, покрытый белоснежной скатертью. На дальнем его конце красуется циклопических размеров фаршированная индейка в аппетитной золотистой корочке. Кадр следующий: по столу проносится серый меховой вихрь, разбивает рюмки, расплескивает соусы, опрокидывает на скатерть бутылки с вином и наконец с налета впечатывается в бок птице.

По третьему закону Ньютона при столкновении килограммового кота с двадцатикилограммовой индейкой кот должен улететь за горизонт, а птица – едва сдвинуться с места. Но на этот раз у Ньютона что-то не срослось. Кот действительно отлетел в угол, но индейка тоже бодро заскользила к краю стола и грохнулась на пол, облив жиром диван и разбросав начинку по всей комнате. Юные Квакли с криком и топотом кинулись ловить кота, поскальзываясь на начинке, спотыкаясь об индейку и удесятеряя разгром.

Истории из жизни • 77

А между ними по полу, по мебели, по гардинам и чуть ли не по потолку метался обезумевший Мурзик, серой молнии подобный.

Несчастный мистер Квакли, от бешенства едва удерживая во рту вставную челюсть, прошипел Маше в лицо:

– Я этого так не оставлю! Я немедленно звоню в полицию. Вы мне за все заплатите. Я добьюсь, чтобы вас выселили, а вашего кота усыпили. Вы понимаете, что это серьезно?

Он был прав. Траблы грозили нешуточные. Но не перевелись еще женщины в наших селеньях. В том числе – не перевелись на английский. Маша мгновенно просчитала в уме все варианты спасения и выбрала единственно действенный. Широко улыбнувшись мистеру Квакли, она ответила, как и полагается одесситке, вопросом на вопрос:

– Я вам глубоко сочувствую, но с чего вы взяли, что это наш кот? Я этого кота первый раз вижу. Он только что забежал с улицы.

Нельзя сказать, что мистер Квакли безоговорочно ей поверил, но во всяком случае призадумался. А вот у Ники от такого предательства задергались губы, и она собралась расплакаться и всех выдать. Заметив это, Маша скомандовала:

– Яша, Ника! Нечего вам тут стоять. Берите еду и быстро к бабушке!

И дальше добавила несколько фраз по-русски.

Как только за мужем и дочкой закрылась дверь, Маша из вежливой одесситки преобразилась в отчаянную русскую бабу, которая, если надо, и кота на скаку остановит, и в чужую квартиру войдет. Что она немедленно и проделала: отодвинула в сторону мистера Квакли и решительно вошла в центр бедлама, царившего в его гостиной. Мурзик, заметив во враждебном окружении что-то родное, кинулся к ней в объятия. Маша безжалостно оторвала его от себя и, держа за шкирку на вытянутой руке (потерпи, Мурзинька, так надо!), продемонстрировала всем тринадцати Кваклям и дюжине других соседей, высунувшихся на шум из своих квартир:

– Вот, мистер Квинсли, я поймала этого гадкого кота. И сейчас я его выкину!

С этими словами она спустилась на два лестничных пролета, открыла тяжелую подъездную дверь и с размаху выбросила кота во двор. Закрыла дверь, демонстративно отряхнула руки и скрылась в маминой квартире. Мистер Квакли, окончательно убедившись в отсутствии преступной связи между котом и русскими, поплелся убирать следы разгрома.

Прежде чем проследить дальнейшую судьбу Мурзика, замечу, что Яша, сам парень далеко не промах, в трудных ситуациях привык безоговорочно доверять жене. И это не очень похвальное для мужчины качество в данном случае пришлось как нельзя кстати.

Войдя в тещину квартиру, Яша в точности выполнил данные Машей указания (те самые несколько фраз по-русски): немедленно вылез через окно во двор и застыл напротив двери подъезда в позе Льва Яшина, готового отразить одиннадцатиметровый. Через полминуты из двери вылетел Мурзик, пущенный сильной Машиной рукой. Промедли Яша хоть мгновение, кот кинулся бы наутек и навсегда исчез в каменных джунглях. Но яшинский бросок был точен, кот был пойман, через окно доставлен в бабушкину квартиру, облит слезами, успокоен, обласкан и накормлен самым вкусным кусочком индейки.

Следующие две-три недели Мурзик скрывался у друзей и знакомых, как Ленин в Разливе. Приходили все-таки вызванные соседом люди из менеджмента, осмотрели квартиру, не нашли никаких следов пребывания животных и ушли ни с чем. Тем временем Маша, которая в свое время училась на помощника юриста, вовсю внедряла в жизнь сведения, усвоенные из курса психологии свидетелей. Например, тот факт, что вещи, вызвавшие у человека сильные эмоции, кажутся ему крупнее и ярче, чем в действительности. Или что людям свойственно принимать то, что они слышали от других, за виденное собственными глазами. Вооруженная этой информацией, Маша без устали пересказывала соседям происшествие с котом, не скупясь на подробности и особо напирая на то, что кот был чужой, и еще на одну выдуманную деталь, которую я раскрою чуть позже.

В декабре исполнился долгожданный год со дня приобретения Мурзика. Кот был возвращен в лоно семьи и легализован. Еще через пару месяцев Ника уговорила родителей вынести кота на улицу. Собралась толпа детей, норовивших рассмотреть его и погладить. Вылечившийся от невроза Мурзик довольно жмурился. Подошел мистер Квакли, внимательно всмотрелся и укоризненно сказал Маше:

— Вы же говорили, что это не ваш кот!

— Какой кот?

— Тот, который уничтожил мою индейку. Вы говорили, что первый раз его видите, а теперь с ним гуляет ваша дочка.

— Ну что вы, мистер Квинсли, это был совсем другой кот. Мой серый и маленький, а тот был огромного размера и рыжий.

— То есть как рыжий?

— Конечно, рыжий, вы разве не помните? Да все соседи видели, что кот был рыжий. Не верите — спросите кого угодно.

Больше ничего не случилось. Только мистер Квакли периодически заводил с соседями разговор о котах, а потом спрашивал, не знают ли они хорошего невропатолога. А то память стала сдавать, да и цвета уже плохо различает.

ЧТО ПОЛОЖИТЬ НА РАБОТУ

Америка, наши дни. Программистская контора в районе Большого Яблока. Небольшая, человек на 20-25, но являющаяся филиалом всемирно известной корпорации. В некотором смысле самый невыгодный вариант: пахать надо, как в маленькой фирме, а бюрократизм и интриги – как в большой.

Главный герой повествования – старший программист Стэн, он же Костик. Типичный образец русского программиста, способного написать что угодно на любом языке в любые отведенные сроки, но органически неспособного придти на работу в галстуке. Половина имеющегося программного кода написана в его неповторимой манере, с нарушением всех методологий и инструкций, использованием всех недокументированных возможностей и редкими, как золотые самородки, комментариями на кошмарном английском. Все знают, что именно к нему надо идти с неуловимым багом и неразрешимой технической проблемой – и баг будет немедленно пойман, а проблема решена самым нестандартным способом. С другой стороны, в минуты отдыха, когда все обсуждают результаты бейсбольного матча, Костя шарится по русским юмористическим сайтам и хрюкает над непереводимыми на английский шутками. То есть не совсем свой.

Однажды сотрудников сзывают на внеочередную видеоконференцию. Президент корпорации полчаса вещает с экрана о том, что новые условия рынка диктуют новые решения, вклад каждого работника бесконечно ценен и перспективы радужны как никогда. После этого, естественно, начинаются сокращения.

В Костином филиале увольняют нескольких ценных работников. Процедура самая хамская. Ничего не подозревающий сотрудник получает звонок от Дэйва (директор филиала): "Боб, зайди на минутку ко мне". В кабинете кроме Дэйва сидит специально приехавшая тетка из отдела кадров и вручает несчастному заготовленный приказ об увольнении и чек с выходным пособием. Кстати, это единственная ситуация, когда сотрудник получает чек на руки, все остальные выплаты переводятся прямо на банковский счет или присылаются по почте на домашний адрес. Потом Бобу под конвоем секретарши, чтобы не дай бог ничего не натворил, дают дойти до своего рабочего места и дрожащими руками собрать в пакет фотографии детей, тапочки и кофейную чашку, и больше его никто никогда не видит.

Костина стоимость на рынке труда несколько выше того, что платит ему корпорация. Но в данный момент у него бурный роман с иммиграционными властями, и терять работу никак нельзя. Повздрагивав несколько недель от каждого телефонного звонка, Костик плюет на все писаные и неписаные правила, идет к Дэйву, объясняет ситуацию и в лоб спрашивает, не собираются ли его увольнять. Дэйв, глядя на него честнейшими в мире глазами, клянется и божится, что не представляет существования филиала без Кости и если он и будет когда-либо уволен, то только предпоследним непосредственно перед самим Дэйвом.

– Так что, Стэн, – говорит Дэйв в заключение, – не морочь мне голову, а иди спокойно работай. Кстати, как там с выпуском новой версии? Успеешь?

– Успею, – отвечает Костик.

Выпуск версии назначен на очередной понедельник. Это значит, что в пятницу должен быть готов дистрибутив на CD. В субботу придет студент-контрактник, специально нанятый для работ, не требующих участия головного мозга, нарежет с дистрибутива 200 копий, разложит их в фирменные пакетики, разошлет FedEx'ом по списку двумстам клиентам во все концы США, и с утра в понедельник все они начнут работать на новой версии. Но перед тем в четверг грядет великий американский праздник жареной индейки, а за ним – полурабочая пятница, которую Костик намерен прогулять на дне рожденья друга. Поэтому дистрибутив героическими усилиями всего коллектива был готов уже к вечеру среды и торжественно водружен в то место, где его заберет студент. Параллельно Костик успел скачать и записать несколько дисков с мультиками, которые он давно обещал племянникам.

На рассвете в субботу Костик пьет минералку и собирается к сестре, но обнаруживает, что мультики остались на работе. Не страшно, крюк невелик, ключ у него есть, и Костя по пустынным утренним улицам едет в офис. Индикатор на офисном телефоне показывает, что в пятницу кто-то оставил ему сообщение. В принципе оно могло бы лежать до понедельника, но Костик машинально нажимает Play. Автоответчик голосом Дэйва говорит:

– Стэн, зайди с утра ко мне в кабинет за чеком. Спасибо за хорошую работу.

Костя в полном оцепенении прокручивает сообщение снова и снова. Сомнений нет, американская бюрократическая машина прожевала его и выплюнула шкурку. Но в отличие от Боба и остальных он случайно узнал об увольнении заранее, о его визите в офис никто не знает, студент придет еще часа через два, и сама собой рождается идея отомстить. Сотворить на прощание что-нибудь такое, чтобы потом корпорации икалось, икалось и икалось.

Но что? Стереть исходники? Есть бэкап, к которому у Кости нет доступа. Посадить какой-нибудь особо хитрый баг? За два часа не успеть, да и не идиоты же остальные программисты, найдут. Взгляд падает на дистрибутив.

Истории из жизни • 81

Испортить его несложно, но это будет стоить корпорации всего двухсот болванок и одного дня на перезапись и повторную рассылку. Хорошо, но мало. И тут появляется Мысль.

Дело в том, что все выпущенные корпорацией программы начинаются с анимированной заставки, на которой под бравурную музыку выезжает из угла и разворачивается во весь экран логотип компании. Несколько лет назад к юбилею компании ребята-графики прикололись и изготовили ролик, в котором под ту же музыку и в том же ракурсе вместо логотипа выезжал мужской половой член во всех его анатомических подробностях. Такой грубоватый американский юмор. Те ребята давно уволились, их выходка забылась, но на каком из заброшенных серверов искать сей шедевр, приблизительно ясно. Костик понимает, что судьба предоставила ему уникальную возможность положить на работу хер в самом что ни на есть буквальном смысле этого слова.

На то, чтобы найти ролик, нарезать дистрибутив с новой заставкой, положить его на место старого и замести следы, ушло меньше часа. Выходные Костя провел у сестры не в переживаниях о потере работы, а в злорадном предвкушении. Он вновь и вновь представлял себе, как у двухсот клиентов одновременно всплывут на экранах двести фаллосов, какая буча поднимется в корпорации и что останется от подлого Дэйва.

В понедельник ровно в девять утра Костик уверенной походкой вошел в кабинет директора. Тетки из кадров там не оказалось, Дэйв был один. С широкой улыбкой он протянул остолбеневшему Костику конверт с чеком:

– Держи. Начальство ни с того ни с сего расщедрилось на премию ко Дню Благодарения. Тебя в пятницу не было, так что получай сейчас. Что с тобой, тебе плохо?

– Так значит, я не уволен? – бледнея, переспросил Костик.

– Ну разумеется, нет. Господи, Стэн, ты что, перестал понимать английский? Повторяю: ты НЕ уволен. Да очнись же! Эй, кто-нибудь там! Воды!!!

Ловля двухсот фаллосов, разлетевшихся мелкими пташечками по всей территории США, оказалась чрезвычайно увлекательным делом. Разумеется, тут же по всем двумстам адресам был отправлен экстренный мейл, что на дистрибутиве обнаружен неизвестный науке вирус и диск следует, ни в коем случае не открывая, со всеми предосторожностями уничтожить, а завтра будет прислан новый. Но никакой уверенности, что клиенты регулярно проверяют электронную почту, не было, и все двадцать сотрудников филиала сели на телефоны. В итоге удалось отловить почти все. Три или четыре фаллоса все-таки успели открыть, но по счастливой случайности за теми компьютерами сидели не хлипкие офисные барышни и не канцелярские крысы, всегда готовые утопить ближнего, а закаленные жизнью реднеки. Чудом удалось избежать обмороков, огласки и жалоб вышестоящему начальству.

Костю не уволили, он продолжает работать в той же компании. Но я, рассказчик этой истории, зная немного американские корпоративные порядки, никому не советую повторять его подвиг.

КАК В АМЕРИКЕ ОТУЧАЮТ ОТ КУРЕНИЯ

Один мой друг выкуривал в день по полторы-две пачки. Пару раз, наслушавшись пропаганды, порывался бросить, но особого стимула не было. Ему и так в принципе неплохо жилось.

А тут он пошел оформлять страховку. Надо сказать, что он единственный кормилец в семье, ребенку 10 месяцев, дом куплен в кредит, плюс экстремальное хобби, так что страхование жизни для него отнюдь не пустой расход. Агентша покопалась в бумагах и говорит:

– Вот подходящая страховка для вас. Месячный платеж 103 доллара. Но, я надеюсь, у вас нет хронических болезней и проблем с алкоголем и наркотиками?

Друг говорит:

– Никак нет. Курю, правда.

– О, ну тогда выйдет немного дороже.

– Баксов 120? Годится.

– Нет, боюсь, не совсем 120, – агентша полезла опять в таблицы и наконец выдает цифру: – 460!

– Сикоко-сикоко? – переспрашивает друг. – Все, я ничего не говорил, вы ничего не слышали. Я уже не курю.

– Нет, так не получится. Перед заключением договора делается медицинское обследование, анализ покажет наличие никотина в крови. Попробуйте не курить хотя бы месяц перед тестом, тогда, может быть, не покажет.

Ну, друг говорит себе: мужик я или не мужик, в конце концов? За три с половиной сотни в месяц – определенно мужик. Продержусь! Стиснул зубы и продержался. Поначалу совсем на стенку лез, потом стало полегче, а к концу месяца курить почти не хотелось. Сдал тест, получает звонок из страховой компании: так и так, дорогой товарищ, мы вас проверили, организм здоров как конь и ни в чем дурном не замечен, так что рады предложить вам самую выгодную страховку всего за 475 долларов в месяц.

– Чего-чего? – поперхнулся друг. – Какие такие 475? А где 103?

– Ах, это. Ну, это только для белых... то есть, мы хотели сказать, что у нас была рекламная акция. А сейчас она кончилась. Так что обломитесь, дорогой товарищ.

Друг шваркнул трубку на рычаг и полез за сигаретами. А потом думает: это что же получается? Получается, что я даром дерьма наелся? То есть месяц мучился совершенно напрасно? Ну нет, уважаемые янки! Никто еще меня так не разводил и вы не разведете. Вот назло вам не закурю.

И не закурил. И до сих пор не курит. А страховку немного погодя сделал в другой компании. за 102 доллара и без всяких дурацких тестов.

КОРАБЛЬ УРОДОВ

На заре моей американской жизни я работал в стартап-компании, которая была не компания, а натуральный корабль уродов. У одного парня родимое пятно в половину лица, другой очень маленького роста, практически карлик, у третьего какие-то проблемы с носоглоткой и рот постоянно открыт. Ну и так далее. При этом все веселые компанейские ребята и классные специалисты. Никто их специально не подбирал, как-то само получилось. Были, конечно, и менее яркие личности, но в явном меньшинстве. У меня тоже внешность, мягко говоря, своеобразная, плюс дикий акцент, так что в коллектив я вписался идеально.

Женщин в компании не было, до тех пор, пока продукт, который мы делали, не задышал и не потребовал тестировщика. Тогда шеф перебрал десяток претендентов, и на борт нашего корабля (в Америке это стандартное сравнение, нового коллегу так и приветствуют – welcome on board) ступила Сандра.

Когда шеф ее нам представил, рты у всех стали как у Кларка (это который с носоглоткой). Сказать, что она была красива, – смертельно ее оскорбить. Она была идеальна. Как правило, женщины с такой внешностью не занимаются тестированием программных продуктов, значительно чаще они играют главные роли в голливудских фильмах. Да, заметно было, что ей не двадцать лет и ее совершенство – результат не только генов (хотя и с генами все было в полном порядке), но и дорогой косметики, шейпинга и диеты. Ну и что, мы тоже не мальчики и умеем ценить зрелую красоту.

Ее достоинства не ограничивались внешним видом. Она хорошо работала, не отказывалась от сверхурочных, а главное – ее совершенно миновала зараза феминизма. За бортом нашего корабля бушевали бури борьбы с сексизмом – Сандра плевать на них хотела. С королевским достоинством она принимала сомнительные комплименты, сальные шуточки и шлепки пониже спины и сама не лезла в карман за ответом. А мы изощрялись в остроумии:

– Ну как фильм?

— Фигня. Категория B, как Сандрины сиськи. Сандра, или у тебя C?
— Ты что, она же компьютерщица. У нее C++.

А поскольку в Америке очень много чего обозначается литерами B и C, такого рода шуточки витали постоянно.

В нашем отношении к ней было что-то религиозное, преклонение несовершенства перед совершенством. Корабль уродов – не корабль монахов, у большинства имелись более или менее постоянные подруги. Но Сандра – это была ария совсем из другой оперы. Я даже скажу из какой. Тогда ее еще не написали, а лет через пять сравнение напрашивалось бы само собой: одна Эсмеральда и десяток разномастных Квазимодо. "Я душу дьяволу продам за ночь с тобой", или, что ближе сердцу аборигена, she dances naked in my soul.

Шеф очень удачно продал программу, втрое дороже, чем рассчитывал, и на полгода раньше, чем она была готова. Два месяца мы не вылезали из офиса, доводя ее до ума, а потом как-то сразу все кончилось. Шеф ликвидировал фирму, выплатил нам неслабые бонусы и, в качестве прощального подарка, зафрахтовал на два дня маленький круизный теплоходик, до краев нагруженный виски. Зря думают, что американцы не умеют пить. Когда не надо платить за каждый дринк и не надо утром на работу, пьют так, что не всякий русский удержит уровень.

К середине ночи, когда обслуга оставила бар на наше разграбление и отправилась спать, началась игра в американскую разновидность фантов. С увеличением градуса задания становились все откровеннее, и когда наконец выпало водить Сандре, десять глоток дружно потребовали стриптиз, причем по-взрослому, до конца. Сандра отказывалась, и будь мы чуть потрезвее, поняли бы, что это не простое ломание. Но мы стояли на своем. She dances naked in my soul становилось реальностью.

Дальнейшее не объясняется ни количеством выпитого, ни эйфорией от сдачи проекта. Оно вообще ничем не объясняется, но что было, то было. Сандра вдруг встряхнула гривой и с каким-то бесшабашным отчаянием крикнула:

— Ну что, хотели стриптиз – получите! Но потом не жалуйтесь.

Включили музыку. Сандра вскочила на стол. Сделала несколько вполне профессиональных па. Скинула юбку – маленькие трусики открыли не тронутые целлюлитом ягодицы. Мы бешено аплодировали, свистели и кричали. Расстегнула и сняла кофточку – лифчик целиком скрывал бюст, но живот и плечи получили свою долю аплодисментов. Сандра попыталась слезть со стола, но ее не пустили. Дальше, дальше! – кричали мы. И она совсем уже отчаянным движением расстегнула лифчик.

Мы даже не сразу поняли, что увидели. Роскошный бюст упал к ее ногам

Истории из жизни • 85

вместе с бюстгальтером. Сандра стояла, повернув к нам абсолютно плоскую грудь с двумя уродливыми шрамами. Рак груди, бич американских женщин.

Наступила тишина. То есть музыка, наверно, играла, вряд ли кто-то догадался ее выключить. Но все равно – наступила мертвая тишина. И в тишине мы услышали грохот. Это Рон колотил кулаком по столу. Его лицо побагровело так, что родимое пятно слилось по цвету с остальной кожей.

– Фак! – сказал Рон. – Фак, фак, фак и фак. На всю гребаную Америку с ее гребаным феминизмом нашлась одна баба, которая не стесняется, что у нее есть сиськи – и именно у нее сисек нет. Куда катится мир?

А малыш Мануэль сказал:

– А я все ломал голову: как может такая золотая душа жить в таком стандартном теле? Теперь-то все встало на место.

Я плохо помню окончание круиза. Всплывают в памяти только отдельные сцены. Например, как Сандра стояла на коленях перед Мануэлем, их губы находились на одном уровне, и он читал ей стихи. Или как Рон с Кларком устроили сеанс тайского бокса, у Рона лопнули брюки, а Сандра хлопала в ладоши, визжала и болела сразу за обоих. Или как она лежала лицом на моих коленях, мои брюки были мокры от слез, а я гладил ее по голове и бормотал по-русски: сестренка, сестренка...

Потом мы причалили, а еще потом я попытался превратить полученный бонус в миллион долларов и влип в такое дерьмо, что потеря всех старых знакомств и связей была еще наименьшей из неприятностей. Дальше длинно и неинтересно, но пару лет назад я обнаружил себя на другом конце Америки, в IT-компании с кучей офисов на обоих побережьях. И в адресной книге калифорнийского филиала вдруг увидел фамилию Мануэля.

Я отправил ему депешу в том смысле, что если ты тот самый Мануэль из "Хрентечто Лимитед", то, возможно, тебе интересно будет узнать, что один русский чудом избежал виселицы, сидит сейчас в портлендском филиале и интересуется, как у всех дела. И тут же получил ответ:

"Привет, сукин сын! Страшно рад тебя слышать. А знаешь, Рон с Сандрой тебя разыскивали."

"Рон с Сандрой? То есть ты хочешь сказать, что..."

"Ну да, они поженились почти сразу после круиза, ты разве не слышал? Хотели усыновить русского ребенка, потому тебя и искали, ты же у нас специалист по русской мафии."

"Как специалист могу только сказать, что от русской мафии лучше держаться подальше."

"Они так и решили, взяли девочку из Вьетнама. Сандра уже не работает, у нее еще что-то вырезали, но держится молодцом, говорит, что до колледжа дочку дотянет. Девочка красавица, на родителей, конечно, совсем не похожа, но это даже к лучшему. Если бы ей достались рожа Рона и Сандрины сиськи, ей бы нелегко в жизни пришлось, ты не находишь?"

КАК ЭТО ДЕЛАЛОСЬ В ПАРИЖЕ

Произошло это, допустим, в Париже. На самом деле ни фига не в Париже, конечно, но в одном из тех городишек, где на несколько миллионов местного населения приходится пару десятков тысяч русских. Получается как бы большая деревня, размазанная ровным слоем по поверхности миллионного города. От этого возникают разные интересные эффекты.

Живет в этом условном Париже некто Жора. Он молод, красив, разведен, приехал в Париж недавно, пытался замутить мелкий бизнес с парижанами не скажу какой национальности, был ими кинут и к началу нашего повествования работает в ресторане официантом и находится в финансовой заднице такой глубины, что из нее, как из колодца, днем видно звезды.

Однажды в ресторанчик приходит посетитель в хорошем офисном пиджаке, но в сильно расстроенных чувствах. Выпивает в одно рыло половину ресторанных запасов спиртного, после чего, узнав, что официант говорит по-русски, зовет его к себе за столик с намерением излить душу. Других клиентов нет, Жора с разрешения хозяина подсаживается и выслушивает нижеследующее.

Посетителя зовут Саня. История его банальна, как насморк. Во всех этих условных Парижах страшный дефицит русских невест: все сколько-нибудь стоящие барышни норовят выйти за местных, а союзов русских мужчин с аборигенками существенно меньше. Саня нашел на сайте знакомств молодую и красивую Иру из какого-то Заднепередонска. Привез в Париж, одел, умыл, женился. Деньги дает, в душу не лезет, на мозги не капает, хочешь – учись, хочешь – ищи работу, не хочешь – рожай ребеночка. Казалось бы, живи и радуйся. Но нет, Ира начинает вилять хвостом. Учиться ей тяжело, работать противно, рожать рано, в доме убрать лениво, язык не дается, Санины друзья – дебилы, и вообще зачем он ее привез в этот задрипанный Париж. Встает к обеду, до вечера точит лясы на форумах, потом полночи выясняет с Саней отношения. А ему вставать в шесть утра.

Во время очередной всенощной разборки Саня не выдерживает и отвешивает Ире хорошего подзатыльника. Та немедленно вызывает полицию, на это ее языкового запаса почему-то хватило. Полицаи выводят Саню под белы руки из собственного дома и запрещают приближаться к нему на пушечный выстрел. В обед Сане звонит какой-то хмырь, представляется Ириным адвокатом и излагает перспективы:

при разводе Ира, как пострадавшая сторона, получит половину дома, половину банковского счета и около трети Сашиной зарплаты пожизненно. Не хилый такой кусочек. Саша не беден, но далеко-далеко не Абрамович, лишней пары миллиардов у него нет, все нажитое заработано своим умом и своей нервной системой, и отдавать половину за здорово живешь ему совсем не хочется.

Дальше Саня живет в гостинице, платит своему адвокату, платит за дом, в котором не живет, и как благородный человек еще поддерживает Иру материально. У него входит в привычку время от времени заходить в ресторанчик и делиться с Жорой перипетиями судебного дела: поговорить особенно не с кем, Париж – большая деревня, скажешь одному – узнают все, а Жора вроде бы на отшибе и вообще к болтовне не склонен. Несмотря на разницу в положении, наши герои все больше становятся друзьями.

Тем временем Жорина личная жизнь тоже не стоит на месте. На том же сайте он знакомится с некой Риной. Они встречаются где-то в кафе, резко друг другу нравятся и начинают встречаться уже по-взрослому, без трусов. При этом Жора, будучи человеком отчасти восточного происхождения, корчит из себя преуспевающего бизнесмена, сорит деньгами, и вскоре финансовая задница достигает глубины Большого Каньона. Рина же материальными благами охотно пользуется, превозносит Жору как любовника, но ни с кем его не знакомит, о себе рассказывает по минимуму, свидания назначает в пригородных мотелях и вообще шифруется изо всех сил. Объясняет она это следующим образом: Париж – правильно, большая деревня, увидит один – расскажет всем, а ей светиться никак нельзя: она разводится с мужем, а по законам их новой родины жена, уличенная в измене, считается виновницей развода и ничего не получает из совместного имущества.

При следующей встрече с Саней Жора делится с ним полученной информацией и предлагает проверить, не ходит ли Ира налево. Саня спрашивает своего адвоката; тот грустно отвечает, что закон о прелюбодеянии существует, но на его адвокатской памяти ни разу не применялся: ни одна неверная жена не дура сношаться при двух свидетелях, а косвенные доказательства, даже самые убедительные, суд к рассмотрению не принимает. Но за неимением лучшего варианта можно попробовать.

Саня нанимает частного детектива. Через некоторое время тот сообщает, что кое-что нарыл, но на доказательство в суде это никак не тянет, и передает Сане пленку (на самом деле минидиск, но неважно). Саня понимает, что смотреть это кино в одиночку у него духу не хватит, и зовет для моральной поддержки Жору.

Расположившись у Сани в гостинице, друзья видят на экране третьеразрядный мотель из тех, где двери номеров выходят прямо к парковке. Подъезжает машина, Ира входит в один из номеров. Таймер показывает, что прошло три часа, Ира выпархивает из номера и уезжает. Следом из той же двери выходит... как там у Александр нашего Сергеича: кого я вижу, ба, знакомые все лица. Саня смотрит на экран, потом на сидящего рядом, потом опять на экран... и начинает закатывать рукава. Заметим, что по габаритам Саня внушительней Жоры раза в четыре, и исход поединка сомнений не вызывает.

Жора, который все понял с первого кадра и давно сидит ни жив ни мертв от страха, начинает оправдываться:

— Ну откуда я знал. Ты же мне никогда ее фотографии не показывал. И почему Ира, когда она Рина?

— Ирина она, — мрачно поясняет Саня. — И Ира, и Рина. Молись давай.

— Ну умом-то ты понимаешь, что я не виноват? Совпадение просто. Сколько там русских в том Париже.

— Умом понимаю, но ты все равно молись. Мне терять нечего, выхода никакого нет, а душу отвести надо.

И тут Жору осеняет.

— Да оставь ты свои рукава! — кричит он. — Есть выход. У меня деловое предложение. Я сейчас кое-что скажу, и ты мне заплатишь... — Жора прикидывает в уме размер Большого Каньона, умножает на два и называет сумму.

Для полноты картины добавим, что дальше на пленке был еще один мотель, и лицо человека, вышедшего из номера вслед за Ирой-Риной, тоже показалось Сане смутно знакомым. Деревня — она деревня и есть, виделись где-то у кого-то. Но это уже не понадобилось, и без того хватило.

Полуфинал истории. На следующем свидании в мотеле, пока Рина в ванной, Жора тихонько отщелкивает замок. Потом устанавливает Рину в коленно-локтевую позицию лицом к двери и начинает процесс. Ровно на середине процесса дверь отворяется, и в номер вваливаются Саня с видеокамерой, Санин адвокат и два полисмена. Полицейские поднимают руки в стороны и изображают всемирно известную картину «Превед».

Финал. Суд. Судья, не скрывая интереса, стряхивает пыль с закона о прелюбодеянии. Саня сохраняет в неприкосновенности имущество и зарплату, адвокат получает гонорар, Жора получает возможность открыть собственный ресторанчик. Ира получает шиш и вынуждена убраться из города: Париж проигравших не любит. Неизвестно, вернулась ли она в Заднепередонск, но хочется думать, что вернулась.

Суперфинал. Однажды в Жорин ресторанчик приходит Саня с

Истории из жизни

незнакомым парнем.

– Это Олег, – говорит Саня. – У него такая же проблема, как у меня. Ее анкету на сайте мы уже нашли. Поможешь?

– Попробую, – отвечает Жора.

ВЕНДЕТТА ПО-БЕЭР-ШЕВСКИ

Одна славная женщина переехала жить в Израиль, в маленький городок под Беэр-Шевой. Вдова с маленьким сыном. Так тогда сложилась жизнь, что другого выхода не было. Наполовину русская, у сына соответственно семитской крови только четверть, а семитской внешности – ни на грош, светленький и курносый в покойного папу.

Когда мальчик пошел в школу, выяснилось, что быть светлым и голубоглазым в классе, в котором остальные пятнадцать учеников смуглые и картавые, нисколько не лучше, чем наоборот. А быть маленьким и хилым плохо везде. Пацана затравили конкретно. Каждый день приходил из школы в слезах, а когда научился не плакать, стал приходить с синяками. Мама синяки видела, но сделать ничего не могла. Денег на частную школу или переезд в другой район не было, а жаловаться учителям мальчик запретил. Сказал, что справится сам. Но что-то у него не очень получалось.

Через несколько лет матери предложили стажировку в США. За стажировкой последовал годовой контракт, потом еще один... в общем, они живут в Штатах до сих пор. На американских харчах парень вдруг начал расти и крепнуть (я не хочу сказать, что американские харчи хоть чем-то лучше израильских, это просто фигура речи). К тринадцати годам перерос маму, здорово раздался в плечах. В придачу к неожиданно попершим природным данным серьезно качался в спортзале. Нарастил мускулы, стал капитаном школьной команды по американскому футболу. Случались и практические занятия по части начистить кому-то рыло, райончик был не из самых фешенебельных.

И тут матери понадобилось съездить в тот городок под Беэр-Шевой, чтобы решить какие-то бюрократические вопросы. Сына она взяла с собой. Всю поездку парень безвылазно просидел в гостинице. Утром в день отъезда вдруг сказал: "Мам, я пойду погуляю". Вернулся почти к самолету, пряча кулаки в рукавах футболки, но очень довольный.

Прогулка выглядела следующим образом.

– Йоси, привет! Ты меня помнишь?

– Не-а.

– Я Артур, учился с тобой во втором классе.

– А-а. Привет.

— Помнишь, как ты меня дразнил русской свиньей?

— Помню. Гы-гы...

На третьем "гы" Йоси получал правый прямой в челюсть и отправлялся на газон собирать зубы. Сценарий повторился 11 раз практически без отклонений, разве что иногда правый в челюсть дополнялся пинком по копчику. Четверых бывших одноклассников на их счастье не оказалось дома.

Матери сын о сути прогулки ничего не сказал. Раскололся только через год, когда приехала в гости подруга матери из того городка. Ее сын, тоже славянской внешности, но лет на семь младше, пошел в ту же самую школу. Одноклассники с первого же дня относились к нему ну очень уважительно.

РАДИСТКА КЭТ

История не моя, рассказали. Уверяли, что правда.

Одна американка, по имени, скажем, Кэт, полюбила израильского бизнесмена. Да так сильно, что приехала с ним в Израиль и решилась выйти за него замуж. А значит – расстаться с религией отцов (уж не знаю, протестантской или католической, да и неважно) и перейти в иудаизм.

Надо сказать, что верующие евреи очень берегут чистоту своих рядов. Так что пройти гиюр не намного проще, чем поступить, например, в Гарвард. А то и сложнее. Но любовь творит чудеса, и постепенно наша Кэт привыкла к длинным юбкам и закрытым платьям, выучила все нужные молитвы и благословения и усвоила бесчисленные правила, регламентирующие каждый шаг еврейской женщины. Подобно своей тезке из советского фильма, Кэт полностью вписалась в жизнь чужого народа и была уверена, что даже при родах будет кричать не по-английски, а на иврите.

Наконец все испытания были пройдены, и от окончательного превращения в еврейку Кэт отделял лишь последний формальный ритуал – миква. То есть омовение в специальном бассейне, под наблюдением служительницы, которая должна следить, чтобы женщина погрузилась в воду полностью и ни один волосок не остался сухим.

Поеживаясь под взглядом служительницы, американка опустилась в воду. И тут ее ждала катастрофа. Вода оказалась неожиданно холодной, и Кэт инстинктивно вскрикнула. Причем ее организм выдал не неразборчивое "ой", а вполне конкретную фразу, которую она с детства привыкла произносить в подобных ситуациях. После чего с надеждами на гиюр и брак с израильтянином было покончено навсегда.

— О Джизус! – воскликнула так и не ставшая еврейкой Кэт.

А нам остается только в очередной раз подивиться, от каких пустяков порой зависит человеческое счастье.

Истории из жизни

КОМИССАР

Рассказали про одного человека. Трагическая, в общем, судьба. Давид Маркович Гоцман номер два, с той разницей, что работал начальником УГРО не в Одессе, а на Дальнем Востоке. По городу с ним невозможно было идти: где ходьбы десять минут, Д.М. (на самом деле его, конечно, звали иначе) шел полчаса, потому что каждый встречный считал своим долгом поздороваться и поговорить за жизнь. На вопрос спутника "Кто это?" ответ был всегда один: "Да сажал я его в таком-то году".

В перестройку Д.М. выперли на пенсию, хотя сил и желания работать еще хватало. Демократические перемены он не принял, до конца оставался убежденным коммунистом и патриотом Советского Союза, Ельцина и его клику ненавидел от всей души и считал американскими шпионами.

Личная драма этого человека состояла в том, что его сын и дочь эмигрировали в ненавистную Америку и неплохо там устроились. Жена капала ему на мозги лет 10, очень ей хотелось перебраться к детям и внукам, и в конце концов Д.М. сдался. Как видно, зря: меньше чем через год после переезда у него обнаружили скоротечный рак.

Хваленая американская медицина вылечить его не могла, но и в покое оставлять не хотела. Мучила ненужными уже операциями. И вот, очнувшись после последней операции в палате интенсивной терапии, из которой, как он знал, ему уже не выйти, Д.М. увидел перед собой седого негра в черной сутане.

– Здравствуйте, я пастор Джексон, – сказал негр (сиделка перевела). – Я здесь для того, чтобы облегчить вам переход из этого мира в другой мир, лучший. Не хотите ли исповедоваться?

Умирающий молчал.

– Вы, наверно, принадлежите к другой религии? – догадался пастор. – Не важно, у нас в госпитале работают представители самых разных конфессий. Есть православный священник, католический, иеговистский, раввин, мулла. Кого вам позвать?

– Комиссара! – злобно ответил Д.М. и отвернулся к стене.

Через два часа дверь палаты опять отворилась.

– Здравствуйте, – сказал вошедший. – Я Реймонд Келли, комиссар полиции Нью-Йорка. Пастор Джексон передал, что вы хотите меня видеть.

До смерти Д.М. комиссар заходил в его палату еще несколько раз. Им таки было о чем поговорить.

РОМАНТИК ХРЕНОВ

Есть у меня два приятеля. То есть между собой они не дружат, связаны только через меня. Стас – неисправимый романтик, этакий капитан Грей, без устали бороздит житейские моря на корабле с алыми парусами, ищет свою Ассоль. Пару раз уже находил, но Ассоли оказывались ведьмами, и приходилось вырываться на волю с большим ущербом для такелажа. Но Стас не унывает, смотришь – через месяц он уже подлатал пробоины и опять в плавании, снова ищет приключений на свой бушприт.

Илья – полная его противоположность, флегматик и циник. Он-то свою гавань нашел давно и спокойно там поживает в компании верной жены и двух славных деток. Жена его далеко не идеал, но Илья твердо убежден, что идеалов в природе не существует, и над порывами Стаса добродушно посмеивается. Но он и постарше Стаса лет на 15.

Под Новый год мы собрались большой компанией, в которой присутствовали оба вышеописанных персонажа. Сразу было заметно, что Стасу не терпится чем-то поделиться.

– Что, – спросил я, – опять нашел прекрасную незнакомку?

– Ты угадал! – воскликнул Стас. – Именно незнакомку и невыразимо прекрасную. Ехал вечером по Флатбуш и увидел, что на скамейке сидит девушка с собакой. Боже, как она мне понравилась! Она мне безумно понравилась с первого взгляда. И она горько плакала. Я очень спешил, но решил, что обязан ее утешить. Я свернул в переулок к цветочному магазину, купил огромный букет, потом снова подъехал к ней, остановился и протянул цветы. Ты знаешь, у нее были такие глаза! Я ни у кого в жизни не видел таких глаз. Она была потрясена. Все-таки женщины – это не то, что вы, старые циники. Они романтичные натуры, им претит обыденность, они ждут от нас безумных поступков.

– И что дальше?

– Да ничего. У меня не было времени, чтобы познакомиться с ней, даже чтобы просто заговорить. Я повернулся и уехал. Но потом подумал, что раз она с собакой, значит, живет где-то поблизости. Я много раз туда приезжал, исходил все собачьи площадки, но больше ее не встретил.

Тут я заметил, что Илья, слушая этот рассказ, что-то усиленно ищет в своем смартфоне. Когда Стас замолчал, Илья протянул ему аппарат, на экране которого светилась фотография двух девушек.

– Это она! – вскричал Стас. – Илюха, ты волшебник! Откуда ты ее знаешь? И с кем она тут?

– С моей племянницей. Это Вика, племяшкина подруга.

– Но как ты догадался? Она рассказывала обо мне, да? Она меня

Истории из жизни • 93

запомнила? Ну я же говорил: такой поступок невозможно забыть, я произвел на нее впечатление!

– Да уж, тебя забудешь, – подтвердил Илья. – Она ехала от ветеринара, и у нее в автобусе вытащили сумочку. Деньги до последнего цента, карточки, телефон, документы, в общем, всё. Вот она и плакала: чужой неспокойный район, денег нет, как добираться домой – неизвестно. И тут подлетает какой-то хмырь на "Лексусе", сует ей цветы и уезжает. Нормальный человек бы домой подвез, или хотя бы телефон дал позвонить. Да хоть бы дал два бакса на метро, и то б больше пользы было, чем от твоего букета. Она потом еле уговорила продавца взять букет обратно за два доллара, на них и добралась. Да она тебя каждый день вспоминает, и все с одной присказкой: бывают же на свете козлы!

И только вдоволь налюбовавшись на онемевшего Стаса, Илья проворчал:

– Пиши телефон, романтик хренов...

ЕЛОЧКА

Друг рассказал, как они с женой покупали елку. Взрослые вроде люди, оба с высшим образованием.

Приехали в Home Depot (для неамериканцев: хозяйственный, площадь торгового зала гектара два). У входа елочный базарчик. Купили лесную красавицу. Пушистая, торчит во все стороны равномерно. Надо увязать. Погрузили елку в тележку, поехали в торговый зал за веревкой. Вы себе неувязанную елку в магазинной тележке представляете? Ага. Всех зазевавшихся покололи, очередь перед кассой разогнали просто начисто.

Ладно, заплатили, выехали, стали увязывать. Оказались у того же базарчика с обратной стороны. Обнаружили, что в метре от них стоит мекс с бухтой шпагата, всем купившим елки вяжет их совершенно задаром. Смотрит на них в полном изумлении. Пришлось сделать ему презрительные лица, типа твой шпагат – это совсем не наш шпагат, у советских собственная гордость.

Наконец увязали елочку, поехали к машине. В салон не лезет, в задний багажник не лезет, верхнего багажника нет. Положили прямо на крышу. Привязали через открытые окна. От души, чтобы по дороге не свалилась. Стали садиться в машину. Ага. Двери, оказывается, тоже привязаны. Законы топологии, блин. Народ вокруг уже хихикает. Перевязывать заново никакого желания. Черт с ним, не так часто они в этом Home Depot бывают. Полезли в машину через окна. Жена худенькая, а сам товарищ помучился. Но втиснулся в конце концов. Под бурные аплодисменты.

Приехали к родителям жены (туда, собственно, елка и покупалась).

Ножниц в салоне нет. Узелок где-то на крыше остался. Вылезать через окно на глазах у соседей не хочется абсолютно. Жена позвонила родителям, нарвалась на младшего брата. Диалог:
— Мы елку привезли.
— Ну?
— Вынеси ножницы, развязать надо.
— Сама поднимись.
— Я не могу.
— Почему?
— Ну мы елку привезли.
— Так.
— Ну она привязана.
— И что?
— Ну будь человеком, вынеси ножницы.
— Зачем?

Уговорила в конце концов. Брат взял ножницы, вышел. Когда понял, в чем дело, — сел, где стоял. Не в сугроб только потому, что сугробов еще не было. Освободил их только когда как следует оторжался.

Самое обидное, что их ребенок эту елку в тот же день уронил. Хорошо еще, что не на себя.

ПОГОНЯ

Мой брат купил новую машину. А старую, пока суд да дело, дал жене покататься. И вот Лина рассекает по Чикаго вся из себя на черном "Гольфе". Останавливается на светофоре и слышит справа бибиканье. Два чернокожих парня в соседней машине смотрят на нее и делают какие-то знаки руками. Лина воспринимает их жестикуляцию как комплимент своей действительно незаурядной внешности, благосклонно кивает и продолжает движение.

На следующем светофоре афрочикагцы опять ее догоняют, сигналят еще активнее, машут руками как ветряные мельницы и всячески показывают, что хотят что-то сказать. Лина опускает стекло, но в уличном шуме разбирает только "How much?", то есть "Сколько стоит?". Тут она понимает, что ее приняли за проститутку и пытаются снять прямо на проезжей части. Лина в возмущении задраивает все окна и двери и едет дальше, стараясь не обращать внимания на преследователей.

Преследователи, однако, не отстают, сигналят все громче и жестикулируют все отчаяннее. Погоня продолжается некоторое время, Лина уже подумывает, не вызвать ли полицию. Но тут ей звонит муж, то есть мой братец. Лина с места в карьер начинает ему жаловаться: что за дела, черные совсем офигели, невозможно по городу проехать, начинают приставать с неприличными предложениями.

– Знаю, – смеется брат, – они мне только что звонили.

– Что???

– Дорогуша, – говорит брат как можно ласковее, – вспомни-ка, что у тебя висит на заднем стекле? Квадратное такое, в рамочке. "Эта машина продается" и мой телефон. Вместе же вешали.

– А, ёлки! Вот оно что.

– Да. Главное, он звонит и говорит: "Брателло, одно из двух: или твоя жена круглая дура, или у тебя угнали машину". Ну, я тебя отмазал как мог, сказал, что повесил объявление, а тебя не предупредил. Так что сейчас, пожалуйста, аккуратно остановись и покажи им товар.

Парни купили машину не торгуясь. Видимо, очень рады были, что наконец догнали.

МЕСЬЕ, Я ВАМ ИСПОРТИЛ ТАКУЮ НОЧЬ

Любой бородатый анекдот рано или поздно случается в жизни. Жена брата недавно поделилась.

Когда она N лет назад с мамой и бабушкой приехала в Америку, им, как всем беженцам, дали Медикейд – бесплатную медицинскую страховку. Бабушке навсегда, а молодым – на полгода, пока на работу не устроятся. Мама и бабушка бросились лечить застарелые болячки, а у самой Лины с болячками как-то не сложилось. Здоровая двадцатитрехлетняя девушка. Причем таких статей девушка, что прямо хочется ваять в камне. С кузнечным молотом на плече. Ну или с веслом на худой конец. В общем, интереса для медицины не представляет. Разве что как образец, к чему стремиться.

Но мама и особенно бабушка строго сказали: нечего тут! Срочно иди лечись, пока страховка бесплатная. Потом хватишься – а не будет. Заплачешь горькими слезами. И Лина, как послушная девочка, пошла.

Пришла к терапевту – ничего не нашел. К хирургу – та же картина. Наконец добралась до гинеколога. Тот ее осмотрел чисто из спортивного интереса. Потом глянул в медкарту. Видит, что страховка заканчивается, а американское государство еще практически не ограблено. Врач был из русских, ему неограбленное государство – удар по репутации. Он спрашивает:

– Девушка, может, вам противозачаточные нужны?

Лина пожимает плечами: вроде не от кого пока. Мой братец на

горизонте еще не нарисовался. Тогда врач говорит:
— Ну давайте хоть презервативов выпишу.

И выписал. От души, на всю неосвоенную сумму. Упаковок сто или двести. С рефиллом в течениие полугода, то есть каждый месяц еще по столько же по тому же рецепту. Кстати, уникальный случай. Никогда больше не слышал, чтобы по Медикейду давали бесплатные презервативы, одной Лине так повезло.

Лина, как послушная девочка, взяла рецепт и пошла в аптеку за углом. В маленькую частную аптеку в ультрарелигиозном районе. Многие новые иммигранты поначалу селятся в таких районах, там дешево и безопасно.

Почему у них вообще оказались в ассортименте презервативы – это отдельный вопрос, на который у меня нет ответа. Однако оказались. Девушка за кассой прочитала рецепт. Надела очки, еще раз прочитала. Достала из дальнего ящика несколько упаковок, швырнула на прилавок, полезла в еще более дальний ящик. Лина стоит, ждет. Кофточка с вырезом (лето, жара), косметика, яркие упаковки на прилавке. Другие посетительницы на нее смотрят презрительно, что-то про себя шепчут, чуть не плюются. Детей уводят за стеллажи, чтобы не видели. Хотя куда там уведешь, аптека крохотная.

Касирша выгребла все из самого дальнего ящика, кучка уже очень внушительная, издалека видно. Но все равно даже не четверть того, что в рецепте. Говорит:
— Постойте пока, я сейчас провизора приведу.

Лина стоит. Красная уже вся, но не уходить же. Появляется провизор. Очки на кончике носа, шапочка, борода вся седая. Много чего в жизни видел. Смерил Лину взглядом с головы до ног, на вырезе остановился особо. Что-то подсчитал в уме. Говорит:
— Девушка, у нас на складе этого товара больше нет, но вы не волнуйтесь. Мы сейчас же закажем, через три дня пришлют. Вам ведь на три дня хватит?

Лина буркает «хватит», сгребает товар и удаляется. Под взглядами, которые на ней только что дырки не прожигают. Долго потом в ту аптеку не ходила.

Через три дня и правда прислали оставшееся, прямо на дом. Через месяц – еще, и так далее. В сумме этих презервативов оказалось столько, что и сами изо всех сил пользовали, и всем подругам раздавали, и все равно они лезли из всех щелей во всех кладовках, и в конце концов 3/4 пришлось выкинуть – кончился срок хранения.

На этом закончились презервативы, но не закончилась история. Через несколько лет Лина была у кого-то в гостях, и дочь хозяев, студентка,

Истории из жизни • 97

стала рассказывать про свою курсовую по социологии. Она, оказывается, изучала статистику потребления презервативов в разных районах города, и некоторые факты ну никак не ложились в теорию. Например, в одном ортодоксальном районе продажи ни с того ни с сего выросли в 4 или 5 раз, а через полгода так же беспричинно упали обратно.

Гости заспорили о природе этого феномена. Высказали много интересных версий. Лина благоразумно молчала.

ЗАКОН О ЗАЩИТЕ МАЛЫХ ПТИЦ

Есть много рассказов о причудах североамериканской Фемиды. Про кошку в микроволновке, например. Или как с донора спермы взыскали алименты (ложь, не было такого). Или про компенсацию в миллион долларов за слишком горячий кофе (а это правда, бигмаковцы в погоне за скоростью обслуживания похерили все нормативы, тетка обварила себе самое важное и осталась инвалидом). Вот еще одна байка из той же серии.

К деталям заранее прошу не придираться, исходный материал был на английском, а я по-английски читаю без словаря. То есть если чего не понял, в словарь не лезу, а включаю фантазию. А если понял только предлоги, то такое предложение пропускаю как несущественное и перехожу к следующему.

Началась история в сонном канадском городке из тех, где годами ничего не происходит. Два превышения скорости, угон велосипеда и пьяная драка – полиция уже считает, что выдалась хлопотная неделька. И вот такой изнывающий от безделья полицейский обнаружил на обочине дороги лужицу крови и кучку белых перьев, то есть явные признаки нарушения недавно принятого закона о защите малых птиц, он же Small Birds Act.

Беглый осмотр места происшествия принес улики: отпечаток лошадиного копыта, след обуви тридцать восьмого размера и револьверную гильзу. Это позволило сузить круг подозреваемых до предела: единственным в городке обладателем полудохлого пони, «Смит-Вессона» и тридцать восьмого размера ноги был гордый потомок истинных хозяев здешних мест, сильно пьющий индеец Фред Оджибуэй. Работник ближайшей заправки подтвердил, что Фред с утра проскакал в указанном направлении.

Индеец был обнаружен на полу своей хижины в привычном для него состоянии, полностью исключающем дачу каких бы то ни было показаний. Однако кровавое пятно на кроссовке и прилипшее к подошве перышко полностью его изобличали. Спустя неделю состоялся суд. Обычно дела такого масштаба судья рассматривает единолично, но тут, видимо тоже от скуки, устроили полноценный процесс с прокурором и назначенным государством адвокатом. Фред к тому времени протрезвел хотя и не до конца, но достаточно, чтобы рассказать адвокату, как было дело.

Прокурор потребовал высшей меры: 200 долларов штрафа либо 3 месяца тюрьмы в случае неуплаты. Затем попросил слова адвокат.

«Ваша честь, – сказал он, – обстоятельства дела таковы. 2 января 1965 года мой подзащитный ехал верхом по дороге 406 в направлении города Санта-Катарина. В месте, указанном в полицейском рапорте, пони имел несчастье сломать ногу. Мистер Оджибуэй, руководствуясь соображениями гуманизма и обычаями своего племени, пристрелил животное, чтобы избежать ненужных мучений, и похоронил его поблизости от дороги. Защита располагает протоколом эксгумации и заключением эксперта, что обнаруженные полицейским следы крови принадлежат похороненному животному.

Что же касается происхождения перьев, то дело в том, что мой подзащитный, находясь в стесненных материальных обстоятельствах, продал седло и с тех пор при езде верхом был вынужден покрывать спину пони перьевой подушкой. Владелец магазина постельных принадлежностей подтвердил, что перья, обнаруженные на месте происшествия, идентичны используемым при набивке подушек.

Таким образом, я прошу прекратить дело за отсутствием состава преступления, так как мой подзащитный застрелил не птицу, а пони. Поскольку господин прокурор не в силах самостоятельно отличить лошадь от птицы, я могу предложить несколько надежных критериев. В частности, птицы не ржут, а поют, они не носят подковы и не могут перевозить грузы. По всем этим признакам очевидно, что покойный пони не принадлежал к классу птиц, а был млекопитающим отряда непарнокопытных. Если же уважаемого прокурора мои доводы не убедили, мне остается только предложить ему повторно пойти в младшую группу детского сада, где проходят такие вещи».

Последний пассаж ему не следовало произносить. Прокурор почувствовал себя оскорбленным и выступил с ответной речью:

«Ваша честь, я не оспариваю фактическую сторону вопроса. Несомненно, с бытовой точки зрения пони не является птицей. Но нас интересует, является ли он ею с точки зрения закона, а это совсем другое дело. Сразу отмету приведенные моим оппонентом критерии, касающиеся ржания, подков и перевозки грузов. В рамках данного судебного дела нас не интересует ни голос субъекта рассмотрения, ни его одежда, ни род занятий. Нас интересует только его статус с точки зрения закона о защите малых птиц.

Истории из жизни • 99

Согласно приложению номер 1, под птицей в рамках данного закона понимается всякое животное, имеющее две ноги и покрытое перьями. Рассмотрим сначала первый критерий. Имел ли покойный пони две ноги? Да, он имел их даже больше, чем две. Я убежден, что названное в законе число является минимальным требованием, а не ограничительным. Например, если закон предоставляет налоговые льготы имеющим двух детей, то эти льготы должны быть предоставлены и тому, у кого детей четверо. Здесь абсолютно аналогичный случай.

Теперь рассмотрим второе требование. Был ли пони покрыт перьями? Да, мой оппонент сам это подтвердил. Пони был покрыт подушкой, в подушке находились перья, следовательно по закону транзитивности мы вправе утверждать, что перья покрывали пони. Разумеется, они на нем не росли, но в законе ничего и не говорится и том, что перья должны принадлежать животному по рождению.

Мы не знаем наверняка, находилась ли подушка на спине пони в момент убийства. Но это не имеет никакого значения. Ведь если выщипать все перья, например, пеночке, она от этого не перестанет быть птицей, не так ли? Для признания животного находящимся под охраной закона о защите малых птиц достаточно того, чтобы перья находились на его спине хотя бы в какой-то момент жизни».

Судья не нашел, что возразить столь обоснованному выступлению. Бедняга Фред получил три месяца тюрьмы, что, впрочем, не было для него чем-то особенным. А речь прокурора теперь цитируется в американских юридических учебниках.

ЧЕМОДАНЫ ХОТТАБЫЧА

"Старика Хоттабыча" все читали, но не все, наверно, помнят, что он с другом Волькой успел побывать в Италии. Вставил там пистон местным капиталистам и между делом облагодетельствовал одного прогрессивного рыбака. Подарил ему два волшебных чемодана, в которых никогда не заканчивалась рыба. Почему рыбу нужно было хранить именно в чемоданах, бог весть, но рыбак ее продавал по дешевке и мог прокормить семью, не выходя в море. Правда, рыбу он продавал все равно капиталистам и тем способствовал их еще большему обогащению, тут у Лагина что-то недодумано.

Рассказала знакомая. Точнее, рассказывал ее муж, а Оля только кивала. Когда ей было лет 11-12, ее родители, преподаватель вуза и учительница, задолбались строить коммунизм и решили перебраться в Америку. Тогда ехать в Америку было не то, что сейчас. Надо было получить вызов в

Израиль от несуществующих родственников. Предъявить его почему-то в голландское посольство. Огрести положенное количество люлей от советской власти, включая увольнение всех членов семьи с работы и исключение из вузов. Просидеть пару-тройку лет в отказе, перебиваясь случайными заработками. Сдать государству квартиру. Заплатить за лишение гражданства. Выехать в Вену. В Вене подать прошение на американскую визу. И дожидаться ее почему-то в Италии.

Из школы детей отказников не исключали, но учиться тоже было мало веселого. Наш пионерский отряд идет в кино, а ты, Рубинчик, не пионерка, тебе пусть кино в Израиле показывают. Хотя Оля была пионерка не в пример иным прочим. Праведный советский ребенок, выросший на "Незнайке на Луне", стихах Михалкова и том же "Хоттабыче". Ехать в оплот империализма, где линчуют негров и безработные спят под мостами, для нее была трагедия. Она на коленях умоляла остававшихся в Союзе дядю и тетю взять ее к себе, но ничего не вышло. Пришлось ехать с родителями.

Итальянский городок Ладисполь, где жили в ожидании виз 90% беглецов из СССР, походил на Содом и Гоморру во время Вавилонского столпотворения. Снять квартиру за деньги, сообразные с полученным пособием, не было никакой возможности. Нашим героям несказанно повезло: к ним, сидевшим посреди площади на чемоданах, подошел дяденька с золотым зубом, представился дядей Борей и сказал, что он тут уже полгода, снимает чудный домик в рыбацкой деревне дальше по побережью и ищет, с кем разделить жилье и квартплату.

Из деревушки было далековато добираться до Ладисполя и Рима, зато там жилье стоило разумные деньги, было тихо, красиво и можно было покупать у рыбаков вкуснейшую свежепойманную рыбу вдвое дешевле, чем в Ладисполе. Чуть освоившись, Оля с родителями по дяди-Бориному совету отправились в Рим – посмотреть город и посетить гигантский рынок Американа, где тысячи бывших совков пытались продать итальянцам привезенные с собой товары. Спросом пользовались фотоаппараты, бинокли, мельхиор и почему-то презервативы. Мне трудно представить себе, чтобы итальянцы использовали советские "изделия номер 2" по прямому назначению, наверно, нашли им другое применение, учитывая их прочность и невероятную дешевизну. Хотя кто их знает, католическая страна, может, у них и таких не было. У Олиного папы тоже имелось в чемоданах кое-что на продажу, это был единственный способ привезти в Америку чуть больше, чем разрешенные к обмену 90 долларов.

Вернувшись поздно вечером в деревню, они не обнаружили никаких следов дяди Бори, а также своих вещей и только что полученного пособия. Сосед наконец получил визу и улетел в Америку, а перед отлетом спер

Истории из жизни • 101

и загнал перекупщикам все плохо лежавшее и хорошо лежавшее тоже, вплоть до сохшего во дворе белья. Оставил книги, зубные щетки и два пустых чемодана. Вообще у тамошней публики считалось чуть ли доблестью накануне отъезда кинуть лохов-новичков на сотню-другую долларов, но до прямых краж у своих никто не опускался. Да и сложно было бы это осуществить в перенаселенном Ладисполе, пустая деревня – другое дело.

Ситуация была не совсем из разряда "в войну украли хлебные карточки", до следующего пособия они бы перекантовались, а на пособие можно было кое-как существовать и в Италии, и в Америке. Но все равно, удар довольно сильный. Насквозь атеистическая советская интеллигенция почему-то очень падка на самую дешевую мистику. Джуна, телепатия, биоритмы и все такое прочее. Особенно в тяжелые жизненные моменты. Не была исключением и Олина мама.

Есть, если знаете, такой способ гадания по книге. Берешь первую попавшуюся книгу, открываешь на случайной странице, читаешь случайную строчку и пытаешься ее истолковать как знамение судьбы. Вот мама и попросила Олю погадать. Попался "Хоттабыч", та самая глава, которую я изложил в начале рассказа. "Он раскрыл чемоданы, и все увидели, что они доверху заполнены великолепной, отливающей серебряной и золотистой чешуей живой рыбой" – прочитала Оля звонким голосом.

– Да, – растерянно отозвалась мама. – Чемоданы он действительно раскрыл, не поспоришь. А вот рыба к чему?

Но тут вмешался молчавший до сих пор папа.

– Стало быть, чемоданы, – сказал он. – И рыба. Интересное сочетание.

Назавтра он занял денег, купил у рыбаков два чемодана свежего улова и повез на импровизированный рынок в Ладисполь. Товар ушел влет, в магазинах было дороже, да и совковая психология требовала покупать из-под полы у своих, а не у чужих и официально. На другой день папа приобрел весы и подобие складного прилавка. За прилавок встала Олина мама, а папа с Олей подвозили ей свежую рыбу. Конечно, налогов они не платили, разрешений не получали, бизнес был насквозь незаконный, как и вся русская торговля в Ладисполе, и только потому выгодный. Но итальянская полиция давно махнула рукой на русский караван-сарай и только ждала, когда он наконец уберется с их территории.

Через полгода, получив визу, они летели в Чикаго уже с полными чемоданами. Причем доллары составляли настолько значительную часть груза, что хватило купить за наличные дом и открыть магазин русских деликатесов на Диване (чикагский аналог Брайтон-бич). Магазин работает и сейчас. А Олиного дядю, который остался в Союзе, убили в девяностые.

Он-то никаким бизнесом не занимался, просто шел по улице, догнали и выстрелили в затылок. Наверно, спутали с кем-то. Так что Оля теперь не очень жалеет, что уехала.

ЭКОНОМИЯ

Есть у нас знакомая пара, скажем, Вася и Люся. У них дом в неблизком, но весьма дорогом пригороде, в гараже два крокодила — Порш Кайен и Мерс GL какой-то. Все в кредит, естественно. Васиной зарплаты на прокорм этого зоопарка хватает с натяжкой, причем натяжка из разряда «презерватив на глобус», но понты важнее.

Позапрошлой зимой Вася с Люсей, прикинув очередной раз презерватив к глобусу, решили, что дальше так жить нельзя и надо на чем-то экономить. Встал вопрос, на чем. Звериная сущность капитализма состоит в том, что, достигнув однажды какого-то уровня потребления, потом очень трудно с него слезть. Избавляться от кредитов — страшная потеря денег и геморрой, реже ходить в рестораны — друзья обидятся, экономить на детях и вовсе западло. И так далее, какую статью расхода ни тронь, она визжит, кусается и яростно сопротивляется секвестру.

В конце концов Люся убедила мужа начать с малого и попробовать экономить на бензине. С учетом недавнего подорожания аж до четырех баксов за галлон и прожорливости обоих крокодилов сумма должна была выйти нешуточная. Если я не ошибся в расчетах, то долларов 50 или даже 70. В месяц.

До этого судьбоносного решения рабочее утро в семье выглядело так. Вася на Порше доезжал до станции метры (ударение на первый слог, местная электричка), оставлял там машину на парковке и поездом ехал в центр на работу. Через полчаса Люся отправлялась на Мерсе по тому же маршруту, но по дороге еще завозила детей в школу и садик. Теперь решили Мерс оставлять в гараже, а всю развозку делать на Порше по схеме Вася — дети — Люся.

Накануне детям прокапали мозги на тему «надо рано встать и быстро собраться, чтобы папа успел на поезд, потому что папа теперь будет ездить с нами, потому что мы будем экономить». Дети прониклись, но, как водится, одно-другое-третье, в результате выехали впритык в Васиному поезду все на нервах. Примчались на станцию, когда поезд уже стоял на платформе. Вася пулей вылетает из-за руля, проносится по перрону и в последний момент успевает в закрывающиеся двери. Люся облегченно вздыхает, пересаживается за руль, чтобы везти детей в школу... и обламывается. Васе думать было некогда, он действовал на автомате. Выходя из машины, как обычно заглушил двигатель и сунул ключи в карман.

Вариантов в общем никаких, не бросать же машину на площади – хотя бы потому, что там нельзя парковаться. Люся звонит Васе и требует его с ключами взад. Вася матерится последними словами – на работу гарантированно опоздал, пропустил важное совещание, босс голову снимет – и выскакивает на следующей станции.

Тут его ждал еще один сюрприз. Оказывается, станция, на которой он сгоряча вылез, – это такой буранный полустанок в лесном массиве между двумя жилыми районами. Там останавливаются далеко не все поезда, ближайший – часа через два. На три мили кругом ни одного живого человека, последние уехали с Васиным поездом.

Позапрошлая зима выдалась в Чикаго не такой снежной, как нынешняя, но очень холодной и ветреной. Люся с детьми продрогли даже в теплой машине. Через час из тоннеля показался Вася, весь занесенный снегом, насквозь промерзший (одевался в расчете на двухминутную пробежку от метро до офиса), в сбитых модельных туфлях, хромающий на обе ноги (а нечего было спортзал прогуливать). Добрел до машины, приоткрыл дверцу и просипел:

– Люсенька, дорогая, давай теперь экономить на чем-нибудь другом!

КОРОТЕНЬКИЕ ИСТОРИИ

* * *

Америка все-таки очень молодая страна.

Подруга рассказала. Привезли к ним в больницу старичка на операцию. Обыкновенный такой американский дедушка лет девяноста пяти с лишком по имени, скажем, Джон Миллиган. Лысенький, весь в старческой гречке, медицинская карта толще его самого, но совершенно еще в своем уме. Спросили адрес. Город такой-то (городишко тысяч на 15 жителей, окраина Сиэттла), Джон Миллиган стрит, дом 1.

Регистрационная сестра замечает:

– Надо же какое совпадение: вы – Джон Миллиган и улица тоже Джон Миллиган.

Дедушка говорит:

– Ну так ничего удивительного, это ж я ее и основал. Я когда приехал в эти края в начале тридцатых, там еще никто не жил. Чистое поле. Я выбрал местечко покрасивее, поставил хибарку. Повесил почтовый ящик, прихожу на почту: вот сюда мне письма и газеты, пожалуйста. Они спрашивают, какая улица, какой номер дома. Да какая к чертям улица, я там от дороги немножко гравия насыпал, чтобы "Форд" не буксовал, вот и вся улица. Все равно, говорят, так нельзя, назови как-нибудь. Ну я и назвал недолго думая. А потом вокруг народ стал селиться, места-то красивые. Теперь уже не все помнят, что я тот самый Джон Миллиган.

* * *

В воскресенье сижу в гостях у дяди. Это Боропарк, хасидский район. Про дядю можно рассказывать долго и подробно. Много лет был главным энергетиком цеха на "Электросиле". В 65 перебрался в Нью-Йорк – вынужденно, сын уговорил. По-английски не говорит совсем, в трудных случаях переходит на идиш. Учитывая место обитания – как правило, помогает. При этом – работает! До сих пор, а ему уже 82. Следит за чистотой и порядком в соседней синагоге, ребе его отпускать на покой не хочет, говорит, что больше никому не доверяет.
Выпили мы с дядей по рюмочке, папу моего помянули. Я собрался домой, он говорит: я с тобой, надо на работу зайти, посмотреть, что там и как.
– Только подожди, – говорит, – я партбилет возьму.
Я в непонятках: какой партбилет? Но жду.
– Все, – говорит дядя, – нашел партбилет. Пойдем!
И надевает ермолку.

* * *

Рассказ товарища.
Захожу в винный рядом с домом. Продавщица русская, давно меня знает. В магазине еще один клиент, чернокожий. Судя по поведению и акценту, не из задолбавших всю Америку потомков дяди Тома, а такой же иммигрант, как и я, только из Африки. Жду, пока он выберет и расплатится, и вдруг слышу, что кто-то поет тоненьким голоском: "Тили-тили, трали-вали, это мы не проходили, это нам не задавали". Не верю своим ушам. В поисках источника звука заглядываю под прилавок – там стоит очаровательное существо лет пяти, черненькое, белозубое, с красными бантиками, точь-в-точь как в мультфильме "Каникулы Бонифация".
– Это ты поешь?
Кивает.
– Ты знаешь русский язык?
Молчит.
Папа-африканец:
– Скажи "да".

Истории из жизни • 105

Девочка:
– Да.
Папа:
– Скаши "привет".
Девочка:
– Привет.
Папа (с гордостью):
– Я изучала русского языка в город Киев.
Девочка:
– Спасибо пошалуйста иди поцелую.
Продавщица (с глубоким вздохом):
– Эх, если бы наши дети так говорили по-русски!

* * *

Слышал такую байку про Куйбышева. Якобы другой партийный босс (не помню кто, пусть Жданов) в его присутствии материл своего подчиненного. Когда Жданов наконец выкричался и подчиненного выгнал, Куйбышев заметил, что можно было бы и того, помягче.
– Руководителю надо иметь твердый характер, – возразил Жданов.
На что Куйбышев сказал буквально следующее:
– Характер – он как член, чем тверже, тем лучше. Но характер, как и член, не всем надо показывать.

* * *

О демографических проблемах белого населения.
Надпись в кабинке мужского туалета где-то посреди штата Орегон: "Мужик! Пока ты тут сидишь, снаружи родился еще один мексиканец." Ниже другим почерком по-испански: "… и 10 китайцев".

* * *

У приятеля в бане. Напарившись, выскакиваем в предбанник и наперегонки бежим к длинному самодельному столу с самодельными же деревянными лавками. А на столе уже термосы с чаем, пиво холодное и все, что полагается. Хозяин кричит вслед самому резвому:
– Смотри только на угол не садись!
– Почему?
– Жениться не сможешь.

– Да плевать, я в эти приметы не верю.
– Ты уж поверь, пожалуйста, – настаивает хозяин. – У меня там в углу лавочка треснула. Прищемишь яйца – точно не женишься.

* * *

Глобализация...
Нью-Йорк, столица мира. Город, в котором в русских ресторанах подают кошерные суши.
На выходе из метро два парня и девушка раздают листовки "Евреи за Иисуса". Картина привычная, нарушает ее только один штрих: все трое – китайцы.

* * *

Не только в России качественно отмечают Новый год.
Зашел тут приятель. Потолковали о надвигающихся праздниках, к слову рассказал.
Он работает в крупном (крупнейшем, пожалуй) нью-йоркском госпитале, отвечает за ремонт разнообразного госпитального оборудования. ПЕРВЫЙ же звонок, полученный его отделом 2 января 2004 года. Звонили из отделения офтальмологии. Суть жалобы: ДВОИТСЯ ИЗОБРАЖЕНИЕ на мониторе.
В течение дня поступило ЧЕТЫРЕ звонка из разных подразделений госпиталя с аналогичными жалобами. Как и следовало ожидать, все мониторы оказались в полном порядке.

* * *

В Америке много частных домов с дизельным отоплением. Дизель стоит в подвале, там же бак, горловина выведена наружу и торчит из фундамента дома. Раз в несколько месяцев звонишь в нефтяную компанию, приезжает бензовоз и заливает в бак сто галлонов солярки (370 литров).
Мой коллега заказал бензовоз и то ли неправильно назвал номер дома, то ли его недослышали. Шофер застрял где-то в пробке, выбился из графика, в спешке подъехал к соседнему дому, сунул шланг в горловину, включил насос и только потом пошел звонить в дверь: хозяин, распишись за соляру! Хозяин: ты охренел, какая соляра? Я отопление переделал на газ, еще в третьем году, когда Буш полез в Ирак и нефть подорожала. А в подвале теперь мастерская, жена лоскутные одеяла шьет, хобби у

Истории из жизни • 107

нее такое. Кидаются в подвал – екардыбабай! Все одеяла плавают в девяноста галлонах солярки, и остатки сверху капают. Счастье еще, что никто не курил.

Мастерской кранты, одеялам тоже. Жена в истерике: пропал труд всей жизни. Подвал мыли четыре мексиканца восемь дней, и все равно запах в доме как на АЗС и плиту зажигать стремно. Сосед пытается судить нефтяную компанию, компания обвиняет моего коллегу за неправильный адрес, коллега валит на диспетчершу, которая должна была проверить по базе, та – на водителя, водитель – на соседа за незаделанную горловину и все вместе – на Буша. В общем, на момент написания истории (2008 год) чем дело кончится, было неизвестно, ясно только, что Буш на своей должности долго не усидит.

* * *

У племянницы выпал очередной зуб. Теперь его надо обязательно положить под подушку, чтобы зубная фея ночью забрала и положила взамен денежку. Дашина мама по этому поводу рассказала, какой в американских царит школах культ этих зубов. В классе обязательно висит зубной календарь, на котором отмечается, у какого ученика в какой день случилось это важнейшее событие. Если у ученика дома произошло что-то важное, он может сказать об этом учительнице, и она на уроке публично обьявит, чтобы его все поздравили. Так вот, событий, заведомо достойных публичного поздравления, три: рождение братика-сестрички, покупка кошечки-собачки и выпадение зуба. (Я слушаю, и воображение услужливо подсказывает, какие еще стадии созревания организма можно отмечать в школе и какие календари вывешивать.)

Лина еще рассказала про дочку друзей. Очень деловая девочка. Сидит вечером за столом, трогает шатающийся зуб и говорит:

– Мама, обязательно позвони маме Джонни (мальчик из класса) и узнай телефон их зубной феи. У них очень хорошая фея, она дает за зуб целых 20 долларов!

* * *

Наши друзья живут в пригороде Чикаго. В их комьюнити, то есть поселке на 50-100 частных домов, больше русских семей нет, одни белые американцы. Ну, пару китайцев для разнообразия. Хозяйка дома, скажем Люся, недавно привезла в гости своего папу. Через некоторое время видит, что папа стоит на границе соседского участка и оживленно беседует с какой-то пожилой леди. Надо же, думает Люся, никогда не предполагала, что папа настолько владеет английским. Наконец папа возвращается и сообщает, что разговаривал ПО-РУССКИ.

Люся идет к соседке Карен спрашивать, откуда ее мама знает русский. А-а-а, кричит Карен, так это, оказывается, русский! А мы-то гадали.

Что выяснилось. Мамы Карен давно нет в живых, а пожилая леди – ее бабушка. Бабушке в обед 100 лет, у нее болезнь Альцгеймера, живет она, как принято у американцев, в дорогом доме престарелых, но внуки периодически берут ее к себе погостить. Несколько лет назад под воздействием Альцгеймера бабушка перестала говорить и понимать по-английски, а стала нести какую-то абракадабру. Теперь вот с помощью Люсиного папы обнаружилось, что это никакая не абракадабра, а вполне осмысленная русская речь, и бабушка прекрасно помнит события своего детства – а вот более поздних событий уже не помнит. Ее мама, оказывается, была русской и бежала из России, по-видимому, во время революции, когда дочке было года 3-4. Тут она вскоре вышла замуж за американца, через несколько лет умерла, и дочь выросла совершенной американкой и понятия не имела о своем русском происхождении, пока через 90 лет старик Альцгеймер не стер верхние наносные слои памяти.

* * *

Знакомый попал в мелкую аварию. Машина записана на жену. В страховой платить не хотят, морочат голову, переводят с Фомы на Ерему – вернее, с Тома на Джерри, дело происходит в Америке, но страховщики всюду одинаковы.

Товарищ звонит им по три раза на дню, требует к телефону менеджера, супервизора над менеджером, начальника над супервизором. Наконец дозвонился до какого-то Джерри чуть повыше мышиного уровня. Опять левые отмазки, то не так, это не эдак, и что вам вообще от нас надо, вы же даже не владелец машины. Товарищ, пожимая плечами:

– Ну если вы так настаиваете, я сейчас позову к телефону жену.

И, видимо, попал он в правильную интонацию. Вложил в свою реплику весь многолетний опыт супружеской жизни. Потому что Джерри придушенно пискнул и сказал совсем другим тоном:

– Что вы, что вы, не надо. Не утруждайтесь. Мы сейчас же выплатим всю сумму.

* * *

Задерживаемся с коллегой на работе. Капитально задерживаемся. Обоих ждут дома. Жена коллеги, мудрая женшина, вместо того, чтобы ругаться с ним по телефону или слать гневные СМСки, сфотографировала и прислала натюрморт. Тарелка с мясом и жареной картошкой, бутылка пива и кружевной лифчик. Он посмотрел, меньше чем за минуту собрался и исчез. А мне теперь расхлебывать.

IV.

ИЗ ЖИЗНИ АЙКИ АПШТЕЙНА

Это маленькая повесть, отчасти – только отчасти – автобиографическая. На самом деле все было не так, не тогда и не с теми. Я долго не решался ее опубликовать в открытую, там есть довольно откровенные вещи. Да ладно, все это давно прошло.

* * *

Пока ребята хлопали, а профессор Константинов собирал бумаги, Гена потащил Алика на сцену.
– Товарищ профессор, – сказал он, сильно волнуясь, – вот мы с другом очень любим математику, на всех олимпиадах побеждаем, так как вы думаете – стоит нам поступать в МГУ или бесполезно?
– Чему равняется седьмая производная от е в степени икс, знаете?
– Е в степени икс, конечно, – обиделся Гена.
– А родственников евреев у вас нет?
– Нет, что вы, – Гена обиделся еще больше.
– Что ж, – изрек профессор Константинов, – тогда можете попробовать. Имеете, так сказать, шанс.
– Вот видишь, – Гена победно обернулся к другу.
Друга не было.

Алик Апштейн нашелся только через час. Он сидел на лестнице и горько плакал. Мало того, что у него были родственники евреи. У него не было никаких других родственников.

В следующий раз друзья встретились у ног Ломоносова.
– Ну, как ты? – спросил Алик.

Истории из жизни • 111

– Нормально, четверка.

Гена не спросил "Как ты?". Распухший нос и красные глаза Алика уже ответили на этот вопрос.

– Как тебя? – спросил Гена.

– Как всех. Дали четыре гроба. Три я решил, а на четвертом срезался.

– И куда ты теперь?

– Из Москвы не уеду. Пойду в самый паршивый вуз, какой найду. В свиную и козлиную промышленность.

– Не попадешь, – сказал Гена. – Туда знаешь какой конкурс? Мяса всем хочется. Иди лучше в железнодорожный. На стрелочника.

Примерно в это же время Герман Сопелов склонился к киоску Мосгорсправки.

– Привет, бабуля! – сказал он весело. – Как здоровье? Ревматизм не беспокоит?

Бабуля, которой не было и пятидесяти, слегка оторопела.

– Погодка нынче хорошая, верно? – продолжал Сопелов. – Для сенокоса в самый раз.

– Вам чего, молодой человек? – обрела наконец голос бабуля.

– А институт.

– Какой?

– Да любой. Я их не шибко различаю, институты-то.

Бабуля написала на клочке бумаги: "Трамвай N 19, до остановки "Институт".

Примерно в это же время Лера Баер взяла в руки справочник для поступающих в вузы и сказала:

– Дик, голос!

Дик, которому давно хотелось гулять, пролаял пятнадцать раз подряд. Потом, после паузы, еще четыре раза.

Четвертая строчка на пятнадцатой странице гласила: "...тут инженеров транспорта".

Примерно в это же время Яша Шпонкин лежал на ялтинском пляже. Голова его покоилась на коленях девушки.

– Ты уедешь, Шпоночка, и забудешь меня, – говорила девушка. – А я буду долго и горько плакать.

– Ну что ты, милая. Разве можно забыть всё, что у нас было. Разве можно забыть твои глаза, твои губы, твои волосы, твои... Я буду приезжать каждое воскресенье.

– Ну да, – сказала девушка, – денег не напасешься.

– А я поступлю в железнодорожный, там билеты бесплатные. Представляешь, я приеду в форме, с золотыми галунами, мы пройдем с тобой по улице, все будут на нас оглядываться, а военные станут отдавать мне честь.

– Ну да, – сказала девушка, – Люське ты то же самое говорил.

И уста их слились в поцелуе.

Примерно в это же время Лена Лецкая, выходя из бакинской синагоги, услышала за спиной загадочную фразу:

– А гой – иди в любой, а ид – иди в МИИТ.

"Интересно, что такое миит? – подумала Лена. – Наверное, что-то на иврите. Спрошу у папы."

Примерно в это же время спор между супругами Цирюльник разгорелся с новой силой.

– Только литература! – твердил папа. – Девочка талантлива, это же видно невооруженным глазом. Ее почти напечатали в "Пионере".

– Только математика! – возражала мама. – Она считает сдачу быстрее кассирши. Это тоже талант, его нельзя зарывать в землю.

– Что она будет делать в математике с ее носом? – настаивал папа. – Ты посмотри, Михеев уже член-корр, Дубасов – чугунная задница – профессор, а я прозябаю в ассистентах. Ты и ей того же желаешь?

– А в литературе лучше? – не сдавалась мама. – Страшно сказать, какие бездари печатаются, а я двадцать лет торчу в отделе писем. Нет, только математика!

– Только литература!

Магнитофон у Юли был старенький. Он очень старался, но перекричать родителей не мог. Поэтому Юля свистнула Ляпу и вышла во двор. Там прогуливал свою таксу сосед Автостопов, доцент МИИТа. Вопрос был решен.

Волею судьбы все они оказались в одной группе.

*   *   *

– На высоких берегах Синая
часовые Родины стоят, –

пел Шпонкин. Остальные подтягивали. Лера и Юля беседовали, забившись в уголок кровати.

– Юль, никак не пойму, зачем ты, москвичка, таскаешься каждый вечер

Истории из жизни • 113

в наше общежитие? Влюбилась, что ли, в кого-нибудь?
– Может, и влюбилась.
– Так не в кого же. Герман – дубина деревенская, Яшка – шут, Алик вообще недоделанный какой-то.
Юля загадочно улыбнулась.
– Нашла в кого. Посмотри на меня, – и щелкнула фотовспышкой. – В понедельник карточки принесу.
– По родной земле ближневосточной
броневой еврейский батальон...
– Лер, а ты читала "Унесенных ветром"?
– Нет.
– Я дам. Я четыре раза перечитывала – так здорово.
Надо заметить, что знаменитый роман покорил Юлю Цирюльник с первой фразы. Фраза эта такая: "Скарлет О'Хара не была красавицей".
– Эх, три танкиста, Хаим-пулеметчик,
экипаж машины боевой!

* * *

В аудитории остались двое: доцент Автостопов и Лера Баер.
– Приступим, – сказал доцент. – Какой у вас билет?
– Определитель матрицы.
– Отвечайте.
Лера вздохнула и довольно бодро произнесла:
– Определитель матрицы равняется.

Как мы помним, Скарлет О'Хара не была красавицей. Лера Баер, наоборот, была. Но это не помешало ей вместо матанализа всю ночь читать "Унесенных ветром". Сейчас ветер, кажется, уносил ее стипендию.
– Так и будем молчать? – спросил Автостопов, рассеянно поглядывая на Лерины круглые коленки. Мини в тот период почти не носили, так что зрелище было не частое.
Перехватив взгляд экзаменатора, Лера слегка поерзала на стуле. Край юбки пополз вверх, открывая взору новые горизонты.
– Лучше, гораздо лучше, – оживился доцент. – Вы проявляете редкую сообразительность. Тройка вам, можно сказать, обеспечена. Но, я думаю, мы на этом не остановимся?
Лера закинула ногу на ногу. Юбка задралась почти до ватерлинии. Вспотевший доцент уже не поднимал глаз и даже начал было некое движение рукой, но не решился его закончить.

– М-да... – прохрипел он через несколько очень долгих минут. – Поразительная красота и стройность... гм, изложения. Но мне хотелось бы, чтобы вы постарались еще несколько повысить уровень... гм, ваших знаний.
– Нет уж, – сказала Лера, вставая, – хорошенького понемножку.

Все уже разошлись, только Юля ждала ее у дверей да Алик маячил где-то вдали, как всегда стесняясь подойти поближе. Лера показала им на пальцах четверку, прошла в туалет и тщательно-тщательно вымыла лицо и руки.

Вечером к ней забежала Валя Звонкова, смазливая дурочка из параллельной группы.
– Лерунчик, тут вот какое дело, – затараторила она с порога. – У нас завтра экзамен по Автостопову, а я ни в глаз ногой.
– Ни в зуб.
– Ни в зуб, ни в глаз, ни в ухо, ни в брюхо. Вот я и подумала... Ты не одолжишь мне свою юбку?

*   *   *

– Бабушка, – сказал Алик в десятый раз, – Баер не еврейка, она русская.
– Что ты мне говоришь? Как она может быть русской с такой фамилией?
– У нее дед был немец.
– А настоящие еврейки у вас есть?
– Есть, Лецкая и Цирюльник.
– Цирюльник – это же мальчик?
– Нет, это девочка.
– Какая, хорошенькая?
– Страшненькая.
– Ничего, – вмешался дедушка, – жить не с лицом, а с человеком.
– Перестаньте меня сватать! – взмолился Алик. – Дайте хотя бы кончить институт.
– Не хочу жениться, хочу учиться, – передразнил дедушка. – Кому ты нужен холостой в наших Ганцевичах? Тут же ни одной еврейской семьи не осталось, все уехали.
– А что, обязательно на еврейке?
– Если не хочешь, чтобы тебя при разводе обозвали жидовской мордой – обязательно, – отрезал дедушка.

Истории из жизни • 115

– Не переживай, сынок, – сказала бабушка, – немцы – почти те же евреи. Когда мы жили в эвакуации под Саратовом, у нас свинья была немецкая. Золото, а не свинья!

* * *

Новый год встречали у Юли на даче.
– Любить – это значит в глубь двора! – выкрикнул Шпонкин, на секунду появляясь на пороге.
Алик отмахнулся от него топором и снова углубился в размышления. "Значит, если Сопелов напьется и вырубится, а Яша пристанет к Лецкой, а она ему не откажет, а Юля... Что Юля? Ну допустим, Юля будет спать как убитая. Хотя с чего это? И где? Вдруг вместе с Лерой? Да, это тебе не бином Ньютона. Стало быть, Германа спаиваем, Яше намекаем про Лену, ей соответственно про него, а Юле... Черт бы ее побрал!"
Поленница росла, а решение всё не приходило.

Трещала печь. Дед Мороз Шпонкин вместе со Снегурочкой Баер вручал подарки. Девочкам – книги, себе – струны для гитары, Герману – бутылку плодовоягодного с надписью "Коньяк Сопеловский". Подошла очередь Алика. Яша вдруг отозвал Леру в сторону и зашептался с ней. Потом с кислой улыбкой объявил:
– Дорогой наш институтский гений Альберт Апштейн! Ты сегодня так замечательно колол дрова, что мы решили тебе подарить...
– Неужели топор? – перебил Алик.
– Что топор! Топор ты всегда найдешь. Наш подарок гораздо ценнее, – и протянул Алику два березовых полешка.

Среди ночи Алик проснулся от стука в ухо. Он лежал на полу под лестницей, ухо касалось стенки, в стенку стучали. Вслед за стуком послышался девичий шепот:
– Иди сюда, мой хороший. Не бойся, все спят.
Пока Алик выпутывался из спальника, кто-то перешагнул через него. За стеной заскрипели пружины.
– Осторожней, – шептала девушка. – Ворочаешься как медведь. И сика как у медведя.
– "Сика", – передразнил приглушенный бас Сопелова. – У нас говорят – елда.
– Глупенький ты мой мишка!
Алик перекатился на другой бок и уткнулся в другую стенку. За ней

тоже не спали. Над ухом раздался насмешливый шепоток Леры Баер:
— Посмотреть? А потом что? Потрогать? А потом?

Кто и что ей отвечал, было не слышно. Потом Лера зашептала уже гораздо мягче:
— Детка, я тебя тоже очень люблю. Но днем. А сейчас повернись на бочок, закрой глазки и спи.

Споткнувшись о мертвецки пьяного Шпонкина, Алик выполз на террасу, нащупал какую-то бутылку и припал к горлышку губами.

Утром он в первый и последний раз в жизни проснулся в луже собственной блевотины. Участок сверкал свежевыпавшим снегом. Сопелов, пыхтя, катал огромные снежные шары, а Лена Лецкая лепила из них смешных зверюшек. У нее был хороший вкус и ловкие руки.

* * *

Объявление было забавное: "Шоу-семинар "Школа общения". Ведет врач-психотерапевт, лауреат международных конкурсов Анатолий Кишкевич."
Конечно, собралась половина курса.
— Итак, — сказал Кишкевич, — общение бывает вербальное и невербальное.
Сопелов заржал. Лена дернула его за рукав.
— Вы ошибаетесь, молодой человек. Это всего лишь значит — словесное и бессловесное. Сейчас мы будем учиться невербальному общению. Разбейтесь на пары — кто как сидит, возьмитесь за руки и смотрите друг другу в глаза.
Держа за руки Валю Звонкову, Алик одним глазом смотрел на нее, а другим — на Леру Баер, которая играла в гляделки со Шпонкиным. Заканчивался пятый курс, возможностей для решительного объяснения оставалось всё меньше.

На следующем семинаре Алик подгадал сесть рядом с Лерой. Но когда народ разбился на пары, с другой стороны в нее вцепилась Юля. Обнаружив вместо пары тройку, Кишкевич оценивающе оглядел коренника, слегка оживился и объявил:
— Играем в раба и хозяина. Господа приказывают, рабы повинуются. Ради соблюдения четности я тоже участвую.
И забрал Леру себе.
Левая рука Алика и правая Юлина, повисев в воздухе, нерешительно соединились.
Вокруг началась катавасия. Рабы полезли под стулья, закукарекали,

запрыгали на одной ножке – на большее у хозяев не хватало воображения.

Юля сидела, втянув голову в плечи. Мучить ее было жалко, молчать – скучно.

– Ты Шехерезада, – сказал Алик. – Рассказывай.

– Что?

– Неважно. Что-нибудь говори.

– Не знаю, что говорить, не знаю, что говорить, не знаю, что говорить ...

– Не повторяться!

Юля помолчала, собираясь с мыслями.

– Ты хороший парень. Ты мне даже немного нравишься. Не смотри с такой тоской на Лерку. Этот Кишкевич не первый. Двухсотый или двухтысячный. Ну почему так несправедливо? Я ведь не хуже ее, просто у меня длиннее нос, а у нее ноги.

– Меняемся ролями! – возгласил терапевт-затейник.

– Приказывай, – сказал Алик.

После нескольких неудачных попыток заговорить Юля выдохнула:

– Поцелуй меня!

И зажмурилась.

Алик склонился к ней и тоже закрыл глаза. Странное какое-то ощущение на губах. И запах странный: не духи, не еда, не пот, не мыло, непонятно что.

Когда Юля наконец оттолкнула его голову, он отдышался и проговорил:

– А что, не так уж противно. Повторим?

* * *

Алик взял очередную миску, мазнул ее мыльной тряпкой и бросил через плечо. Миска перелетела кухню и шлёпнулась в бак, где уже мокли сотни три её подружек.

В окно всунулась небритая физиономия, явно татарская.

– Привет, земляк. До дембеля далеко?

– Два месяца, – ответил Алик.

– Два месяца – и сам посуду моешь?

– Так ведь отслужил всего неделю.

– Врешь, земляк, – обиделся татарин. – У нас так не бывает.

Он был не прав. У нас бывает по-всякому, в том числе и так. Называется – военные сборы студентов.

На присягу разрешалось пригласить маму, жену или любимую девушку. В часть, затерянную в глухих муромских лесах, добрались два десятка мам и одна девушка – Юля Цирюльник. Когда ребята поняли, к кому она приехала, слава Алика как худшего солдата на курсе сильно поблекла.

В Муроме лил дождь, и во всем городе не было ни одной открытой двери. Алик и Юля сидели в зале ожидания и без конца целовались, а остальные пассажиры смотрели на них – больше смотреть было не на что.
– Вот бесстыжие, – сказала какая-то бабка на четвертом часу непрерывного наблюдения. – А теперь выеби ее здесь, – и сплюнула на пол.
Бедные влюбленные вздрогнули и еще крепче прижались друг к другу.

* * *

Около пяти утра Юля сказала:
– Давай еще раз попробуем.
И через минуту:
– Не надо, перестань. Больно.
Она откинула одеяло и села, обняв колени – жалкий бройлерный цыпленок в синих пупырышках, с лопатками, похожими на крылья. И вдруг захохотала, и запрыгала на постели, и закричала восторженно:
– Алька! Смотри! Смотри! Люблю тебя! Солнышко! Милый!
На простыне, в самой середине, расплывалось бурое пятнышко с пятак величиной.
Юлины родители за стеной посмотрели на часы и дружно вздохнули.
Алик скатился на пол и выдернул из-под скачущей Юли простыню.
Но было поздно. На голубой обивке дивана осталось пятнышко величиной с копейку.

* * *

Прошли годы. Пятнышко выгорело, но не исчезло.
– Пожалуйста, не надо туда, – просила Юля, удерживая мужа за уши. – Вдруг Сонька проснется и увидит папу где-то внизу – что она подумает?
– А если она увидит папу на маме, ей будет легче?
– Про это я ей объясняла, – сказала Юля.

Но проснулась не Сонька, а Санька. Алику пришлось сажать ее на горшок и поить из бутылочки. Когда он вернулся, Юля еще хранила тепло очага. Они начали с того места, на котором остановились, и двинулись по проторенной дорожке.
– Я хочу... – зашептала Юля у самой вершины, – я хочу... развестись с тобой...

Истории из жизни • 119

– Зачем?

– Чтобы выйти... за тебя замуж... еще раз... и еще раз!.. и еще раз!!!

*   *   *

Юля заплакала.

– Как ты мог? Два часа! Хоть бы позвонил. Я тут кручусь одна, как буги-вуги. Что ты в ней нашел? Курва болотная. Не прикасайся ко мне! Предатель! Девчонки спрашивают, где папа, а ты... Уходи от нас, без тебя справимся. Ты мне больше не муж.

Алик ушел в ванную и стал думать. Сперва ничего не получалось, но потом в мозгу что-то щелкнуло. Собака, подумал он. Собака не сравнивает, она просто любит. Видеть хозяйку и служить ей – это для нее и есть счастье. Поэтому собаками дорожат больше, чем мужьями. И прощают им увлечение хорошенькими собачками.

Алик вернулся в кухню и ткнулся носом в Юлины колени. И заскулил тихонечко.

– Ты пойми, я так вымоталась, – сказала Юля. – Продуктов не достать, обои отклеиваются, тараканы опять завелись. Санька капризничает, Сонька никак не выздоравливает. И еще эта врачиха дурацкая. Я ей, видите ли, срываю план по прививкам.

– Хочешь, я ее покусаю?

– Не надо, тебя посадят на цепь, – Юля потрепала его за ухом.– Пойдем лучше спать. Ты умеешь по-собачьи?

– Попробую, – сказал Алик.

*   *   *

Как ни странно, прощание получилось веселым – ведь столько лет не виделись.

– Ну, Герка, держись! Будешь теперь реб Сапелзон. Ермолку не забыл?

– Гер, а там ведь тебе сразу... это самое. Может, передумаешь?

– А он уже, – брякнула Лена и покраснела.

А Герман невозмутимо пояснил:

– Нашли тут один кооператив. По объявлению. "Если вы собираетесь в Израиль и хотите всё лишнее оставить на Родине..."

– Что от Шпонкина слышно?

– Всё то же. В Бруклине. Желтый король. Второй медальон купил. Развелся опять.

Лера Баер встала с бокалом в руках. Все примолкли. У нее было потрясающе красивое платье.

— Ребята, давайте выпьем. За то, чтобы одни не пожалели, что уехали, а другие не пожалели, что остались.

— Золотые слова, Лерунь! Сама-то когда?

— Не знаю, Толик пока не хочет. Здесь он звезда, а там кто? Шарлатан без диплома.

— А помнишь, он у нас семинары вел? Потеха!

— Алик, Юля, а вы?

— Нам и тут хорошо.

— Да вы что, ребятки! В окно посмотрите. Здесь же бардак. Здесь никогда ничего не будет.

— Это смешно, — сказал Алик, — но мы дети русской культуры. Я тут каждое слово знаю — откуда оно, что значит и что раньше значило. Дело не в Толстом — Толстого можно и там читать, а мы и тут не читаем, — а вот... ну хотя бы юмор. Как можно жить, не понимая шуток?

— Это смешно, — сказал Алик, — но вдруг лет через сто Америка погибнет от СПИДа, а Израиль — от какого-нибудь Саддама. А евреи останутся, потому что я остался в России. Хороший хозяин никогда не хранит все яйца в одной корзине.

— Это смешно, — сказал Алик, — но если все хорошие люди уедут, а останутся дураки и сволочи, то потом нам из той же Америки придется с ними воевать.

А Юля сказала:

— Я Соньку записала в рисовальную студию — совсем рядом, только дорогу перейти. А в понедельник мы идем на Никитиных. А вчера на углу лимоны давали, почти без очереди. Лен, я поставлю еще чайник?

*   *   *

— У тебя совесть есть? — спросил Алик. — Два часа. На улице, между прочим, темно и маньяки.

— Ничего, на меня не позарятся. Могу я раз в жизни поболтать с любимой подругой?

— А позавчера? Или это было в другой жизни?

Юля застенчиво улыбнулась.

— Так странно... Мы ведь даже не перезванивались. А теперь нахлынуло. Действительно день без нее — как целая жизнь.

— Влюбилась моя девочка.

— Ревнуешь?

— Нет, беспокоюсь за тебя. Вы Кишкевичу еще не надоели?

Истории из жизни • 121

– Я его ни разу не видела. Не понимаю, чего беспокоиться. Что со мной может случиться?

– Вот Сонька вырастет, начнет пропадать по ночам, тогда поймешь. Мойся и живо в постель.

– Еще... Ой, классно как!.. Да что с тобой сегодня... Ой, мамочка!
– Не ори.
– Сам не ори. Ай!
– Уй!
– Аль!
– Юль!
Хором:
– Ух, всегда бы так!
Отдышались. Юля, медленно:
– А сказать, почему, когда я прихожу от нее, ты как с цепи срываешься?
– Это ты как с цепи.
– Нет, ты. Сказать? Потому что я пахну ее духами.
– Нет!
– Да.
Еще отдышались. Алик, медленно:
– Хорошо. Допустим, поэтому. И что? Тебе хуже?
– Вообще-то да.
– Тебе не нравится, что сейчас было?
– Нравится.
– Очень нравится?
– Очень-очень!
– Тогда держись крепче.

* * *

– Извини за вторжение, – сказал Алик, – но тебе передача.
– Проходи, – Лера была в банном халате и с тюрбаном из полотенца. – Пирожки, повидло и письмо, полное слёз. Так?
– Наверно.
– Если бы я всё это не выбрасывала, давно потеряла бы и фигуру, и мозги. Как ты с ней только живешь?
– Лучше многих.
– Располагайся, бери из бара что хочешь. А я пока посушусь и оденусь.
Алик послушно отвернулся и завел светскую беседу:
– Шпонкин когда-то говорил, что счастье – это сидеть в мягком кресле,

досушивать волосы после ванны, пить холодную фанту и слушать "Пинк Флойд".

– Сейчас он всё это имеет.
– Кроме волос.
– Да, – произнесла Лера, думая явно не о Шпонкине, – после нашей общаги нетрудно было спутать комфорт со счастьем. Помнишь душ имени Карбышева? Кто-то вечно выбивал форточку. По-моему, чтобы подглядывать.
– Стыдно признаться, но я тоже подглядывал. Мечтал увидеть тебя.
– И как?
– Один раз что-то увидел, но так и не понял, ты это или нет.
– Чего ты молчал столько времени, дурачок? Пять лет ходил за мной и молчал.
– Ты всегда была такая... не про меня. Вот с Юлькой мы ровня.
– Тоже мне, ровня. Ты лучше в тысячу раз. Знаешь, как я ей завидую.
– Ты? С таким мужем?
– Каким – таким?
– Ну... он профессионал все-таки. Настройщик душ и наладчик счастья.
– Думаешь, если ты вышла замуж за повара, он будет дома готовить? Черта с два. Будет приходить и критиковать то, что ты сготовила. Я одета, можешь наконец оторваться от зеркала.

Алик покраснел и провалился сквозь землю.

* * *

Юля подозрительно долго не выходила из ванной. Алик подкрался и рванул дверь. Так и есть, красится.
– Опять?
– Ну Алинька, ну последний раз... Они улетают сегодня, я ее больше месяца не увижу.
– У ребенка тридцать восемь и три. Ты мать или девка гулящая?
Юля даже не обиделась. Продолжала лепетать, уговаривая.
– А кто заберет Соньку из студии? – сдался Алик.
– Я сейчас! Я быстренько, одна нога здесь, другая там.
Она заметалась по прихожей и уже с площадки крикнула:
– Я тебя все-таки люблю!

Часа через три терпение у Алика лопнуло. На всякий случай привязав младшую дочь к кровати, он пошел посмотреть, не плачет ли старшая среди мольбертов.

Истории из жизни • 123

Толпа уже разошлась. Остались два гаишника и трясущийся шофер, без конца повторявший: "А я что? Она сама выскочила".
И бурое пятно на асфальте.

* * *

Облизываясь и вытирая о халат руки, появился патологоанатом.
– Чем болела покойная?
– Она не от болезни...
– Знаю. Я спрашиваю, чем она болела.
– У нее был порок сердца, – вдруг сказал Алик.
Тесть посмотрел на него с изумлением.
– Порок сердца, – повторил Алик, – эмфизема легких, цирроз печени и этот... камни в почках. Хрен вы что с нее поимеете.
Катафалка не нашлось – точнее, Алик не догадался дать взятку агенту. Юлю везли в обитом жестью фургоне, в таких перевозят мясо. В кромешной темноте Алик стоял на коленях перед гробом и на поворотах придерживал Юлю, чтобы не выпала. И иногда целовал – просто так.

* * *

– Зачем ты пришла? – спросил Алик. – Тебя нет, я же знаю.
– Соскучилась, – просто ответила Юля.
На ней была короткая маечка – и больше ничего. Когда-то она любила разгуливать по дому в таком виде.
– И ты, вижу, соскучился. Ну, иди ко мне.

Всё еще блаженно улыбаясь, Алик открыл глаза и оглядел комнату. Сонька и Санька спали, как всегда уткнувшись носами друг в друга. Они теперь не расставались ни на минуту, как сиамские близнецы. По двору проехала машина, фары осветили Юлину фотографию на стене.
"Она обещала приходить еще, – вспомнил Алик. – Жизнь продолжается".
Он встал и пошел варить кашу.

1983, 1993-97

V.

СКАЗКИ

ПОХОЖДЕНИЯ МЭНЭЭСА

Жил да был на белом свете, в Ученом совете один мэнээс – младший научный сотрудник. И не было у него ни жены, ни квартиры, ни денег – ничего не было. Надоела мэнэсу такая жизнь, взял он мешок, положил туда сушеную воблу, пакет ирисок да гороху кило (на работе как раз заказы выдавали), за пояс ножницы заткнул и пошел из города куда глаза глядят.

Шел он, шел и пришел на развилку трех дорог. Видит – стоит бетонный столб, а на столбе указатель:

Направо пойдешь – коня потеряешь.
Прямо пойдешь – голову расшибешь.
Налево пойдешь – навек свободы лишишься.
А назад дороги нет.

Тут позади заскрежетало, загрохотало, мимо грузовик промчался. Оглянулся мэнээс – и впрямь назад дороги нет: как грузовик проехал, так от нее одни выбоины остались.

Постоял мэнээс у указателя, поразмыслил. Коня, думает, у меня нет, терять нечего, пойду-ка я направо. Пошел направо, смотрит – ворота, а у ворот сторож, Цугцванг одноглазый. Мэнээс просит: пропусти, мол, а Цугцванг ему и отвечает:

– Садись со мной в шахматы играть. Выиграешь – проходи, а проиграешь – ступай назад и моли бога, что я сегодня сытый: с утра трех гроссмейстеров сожрал.

Истории из жизни • 125

Сели они играть. Разыграл мэнээс дебют четырех коней и давай громить Цуцванга в хвост и в гриву. Пешки летят, фигуры свистят, черные клетки дымятся, белые трескаются. Видит Цуцванг – дело плохо. И начал он на мэнээса сон навевать. Зевнул мэнээс – и коня потерял.

Делать нечего, проиграл партию, на развилку вернулся. Поразмыслил чуть-чуть и пошел прямо. Авось, думает, не насмерть голову расшибу.

Прошел немного и есть захотел. Достал из мешка сушеную воблу, обсосал, а голову с хребтом выбрасывать не стал, сунул обратно в мешок. Пошел дальше и пришел в страну дураков.

Видит – стоит на центральной площади бюст: голова царская, из мрамора сделанная. А рядом стоит сам царь-дурак и похваляется:

– Нет головы краше моей! Нет головы крепче моей!

Подошел к нему мэнээс и говорит:

– Есть голова крепче твоей.

– Давай спорить, – царь-дурак предлагает. – Ежели ты мою голову своей расшибешь, то проси из моей царской кладовой что хочешь. А если нет – я тебя казню.

Поспорили. Царь-дурак на мраморную голову показывает:

– Вот моя голова. Бей!

И хохочет-заливается.

А мэнээс достал из мешка воблину голову:

– А вот моя голова!

Взял ее за хвост, размахнулся да как треснет! Расколотил бюст на мелкие кусочки. Обидно царю, да что поделаешь. Повел мэнээса в кладовую.

– Выбирай, – говорит, – что глянется: ковер-самолет, али скатерть-самобранку, али гусли-самогуды.

Мэнээс отвечает:

– Это все чудеса слыханные, в сказках читанные. А нет ли у тебя чего позаковыристее?

– Есть, как не быть. Валяется у меня в амбаре кирпич-самострой. Третьего лета заезжий прораб за чекушку продал.

Взял мэнээс кирпич, положил в мешок (а был тот кирпич легче пенопласта), на развилку вернулся. Раздумывать долго не стал – одна дорога ему осталась. Пошел налево, пришел в какой-то город.

Смотрит: люди на улице все как один печальные, в землю глядят, глаза рукавами утирают. Зашел мэнээс в справочное бюро и спрашивает:

– Отчего это у вас люди такие грустные?

– Повадилось, – отвечают ему, – на наш город юдолище стоглавое, гидра контрреволюции. Потребовало в жены королевскую дочь, Ярину Прекрасную. Король уже и награду назначил смельчаку, который юдолище

победит, да никто пока не решается.
- Велика ли награда? – мэнээс спрашивает.
- Велика. Сто тысяч золотом плюс прогрессивка.
- А вправду ли так сильно юдолище?
- А то как же! Оно ведь не просто юдолище, а еще и гидра. Его справа мечом рубанешь – слева голова отрастает, слева рубанешь – справа две отпочковываются.

Заплатил мэнээс три копейки за справку и пошел себе в поле, где юдолище смельчаков поджидало. Сорвал по дороге камышинку, набрал полный рот гороху да как дунет! Полетели горошины, забарабанили юдолищу по шкуре. Испугалось юдолище, давай окоп копать, от обстрела прятаться.

А мэнээс знай стреляет горохом да постреливает. Закопалось юдолище в окоп полного профиля, все головы попрятало, одну только выставило – караулить.

Достал мэнээс из мешка ириски, одну в рот сунул, остальные слепил в большой ком и пошел к караульной голове. Подошел и ириску жует.

Голова спрашивает:
- Что жуешь?
- Ириску.
- Дай попробовать.

Мэнээс и протянул ей ирисочный ком. Вцепилась голова в него зубами – и ни туда ни сюда. А тут и другим головам сладенького захотелось. Все в исках и завязли. Потеряло юдолище всякую боеспособность.

А мэнээс достал из-за пояса ножницы и давай ему головы отрезать. Чикнет голову, а новая не знает, где ей вырастать – справа или слева. Ножницы-то с обеих сторон одинаково режут.

Так по одной все головы и обстриг. Сложил их в мешок и прямо во дворец. Получил сто тысяч золотом, а прогрессивку в Фонд Мира пожертвовал. Только уходить собрался – вдруг навстречу королевская дочь, Ярина Прекрасная.

- Ты, – говорит, – мой спаситель, я за тебя замуж выйду.
- Не хочу я на тебе жениться, – мэнээс отвечает. – Я дальше странствовать пойду.
- Ах, так? – обиделась Ярина. – Эй, стража! Посадить его в темницу и не выпускать, пока на мне не женится.

Сидит мэнээс в темнице, горькую думу думает. Не соврал, думает, указатель на развилке, навек я свободы лишаюсь. Велел позвать Ярину и говорит:
- Твоя взяла, красна девица. Полюбил я тебя всей душой.

Сыграли они свадебку, вернулись в мэнээсов город. Взял мэнээс кирпич, что из страны дураков принес, вышел с ним на пустырь и говорит:

— Кирпич-самострой, мне домик построй!

Заработал кирпич-самострой. Сам под собой фундамент роет, сам из себя стены кладет, сам над собой крышу возводит. В пять минут отгрохал двухэтажный коттедж со всеми удобствами, а внутри мебель какая хочешь, ковров невидимо и "Грюдинг" в углу.

И стали мэнээс с Яриною в том доме жить-поживать, сто тысяч папашины проживать, через день браниться, через два мириться. И посейчас живут, дружной парой слывут. Я в гостях у них был, с мэнээсом водку пил, по усам текло, а вышел трезвый, как стекло. Тут и сказочке конец, а кто слушал, тем статья 190 прим с конфискацией.

МАРЦИПАНЫ

В одной стране жил мальчик. Звали его Марек. Родители его были бедны, и вся еда в доме состояла из черного хлеба и грубой похлебки.

Как-то, когда Марек был совсем маленький, он хотел отказаться от такой невкусной пищи, но отец закричал на него:

— Ешь и не капризничай! Мы не какие-нибудь богачи, чтобы питаться одними марципанами.

С тех пор Марек мечтал попробовать хоть кусочек марципана. Но мечта не исполнялась: родители его всё беднели и наконец умерли, не оставив сыну ни гроша.

Марек стал зарабатывать на жизнь тем, что помогал хозяйкам донести покупки с рынка. Однажды он увидел на рынке старика в лохмотьях, который никак не мог взвалить на плечи тяжелый мешок. Марек бросился помогать. Старик сказал:

— Мне нечем заплатить тебе.

— Ничего, — ответил Марек, — я даром донесу вам мешок до самого дома.

Когда они дошли до дома, старик сказал:

— Я волшебник. Я хочу вознаградить тебя за доброту. Проси всё что хочешь.

— Марципан, — сказал Марек.

Старик дал ему марципан. Это была просто булочка с ореховой начинкой, но голодному Мареку она показалась вкуснее всего на свете. Доев ее, он воскликнул:

— Я бы съел сто тысяч марципанов зараз!

— Сто тысяч? — переспросил старик. — Это ведь очень много. Хочешь, я покажу тебе сто тысяч марципанов?

Он провел Марека в комнату. Это был огромный зал, от пола до потолка заполненный марципанами.

– Действительно очень много, – согласился Марек. – Этого мне хватит на всю жизнь.

– Вот и договорились, – вдруг быстро сказал старик. – Ты умрешь, когда доешь стотысячный марципан.

Марек не стал возражать. Он был способный мальчик и успел подсчитать в уме, что ста тысяч марципанов ему хватит почти на сто лет, если съедать в день по три штуки.

Когда Марек вырос, он поехал в столицу страны и стал студентом. У него не было друзей. Он жил в крохотной каморке под чердаком. Днем он учился, вечером работал, чтобы прокормить себя, а по ночам писал стихи. Изредка, скопив немного денег, он шел в ближайшее кафе и покупал чашку кофе с марципаном.

Однажды он долго не мог найти работу и трое суток ничего не ел. На рассвете четвертых суток он закончил поэму под названием "Сага о марципанах". Выбежав на улицу, он стал читать ее первому встречному прохожему.

– Великолепно! – сказал прохожий, когда Марек закончил. – Впервые вижу человека, который так хорошо разбирается в марципанах. А ведь я и сам знаю в них толк. Я владелец самой большой пекарни в городе. Меня даже называют Марципановым королем. Знаете что, молодой человек, заходите ко мне на чашку чая.

И Марек стал заходить в гости к Марципановому королю. Пил чай с марципанами, читал стихи, а через месяц женился на его дочери. Вскоре Марципановый король умер, и Марек стал владельцем самой большой пекарни в городе. Дела его шли отлично, потому что он дни и ночи проводил в своей пекарне. Была у него только одна странность: проходя через марципановый цех, он всякий раз брал с лотка свежеиспеченный марципан и съедал. Однажды он услышал, как один пекарь сказал другому:

– Хозяин-то сегодня сороковой марципан берет.

Марек испугался и решил записывать каждый съеденный марципан в книжечку. Несколько дней записывал, а потом бросил, и все пошло по-прежнему.

Прошло несколько лет. Марек процветал. Ему уже мало было одной пекарни, даже самой большой. Он решил открыть филиалы во всех городах страны. Дошла очередь и до того городка, в котором Марек когда-то родился и вырос. Марек приехал в него рано утром, осмотрел недавно открытую пекарню, по привычке взял с лотка марципан и надкусил. Но тут его укусила оса, Марек дернулся и выронил марципан.

Истории из жизни • 129

Вечером он пошел на рынок и встретил старика волшебника.

– Эй, – закричал Марек, – много мне еще осталось?

– Пойдем посмотрим, – ответил старик.

Марек вошел вслед за ним в ту самую комнату и онемел. Огромный зал был пуст, только в дальнем углу валялся один-единственный надкушенный марципан.

– Ты ел их без счета, – сказал старик, – и просчитался. Если бы не оса, тебя бы уже не было на свете.

Марек не вернулся в столицу. Он бросил на произвол судьбы свои пекарни и отправился искать место, где бы ничто не напоминало ему о марципанах. Он нашел такое место. Это был берег моря, усеянный огромными валунами. Марека взяли в свою компанию каменотесы. Он тесал камни, ел черный хлеб и грубую похлебку, засыпал на голой земле под шум прибоя и был счастлив. Только изредка, проснувшись до рассвета, он вспоминал вкус марципанов, и ему хотелось ощутить этот вкус снова, пусть даже ценой жизни. Но наступало утро, Марек вставал, брал свой молоток и вновь чувствовал себя счастливым.

Прошло тридцать лет. Марек состарился и уже не мог дробить камни. Каменотесы выгнали его. Настала пора съесть последний марципан и умереть с любимым вкусом на губах. Он пришел в столицу, но оказалось, что купить там марципан невозможно. Новый хозяин пекарен, сменивший Марека, запустил дела и разорился, и уже тридцать лет никто в стране не печет марципанов.

Марек таскался из города в город и просил милостыню на дорогах. Он вконец одряхлел, потерял зубы и волосы, почти не видел и не слышал, но не мог умереть, потому что негде было взять последний марципан. Наконец он добрался до родного городка. На базаре старика волшебника не оказалось. Марек поплелся к нему домой. Ему открыла пожилая женщина.

– А где старик? – спросил Марек.

– Он давно уехал отсюда.

– Он ничего не оставлял для меня?

– Нет.

Марек вздохнул и стал просить кусочек хлеба.

– Сейчас посмотрю, – сказала женщина.

Она ушла в дом и долго искала. Наконец выкинула что-то сухое и твердое. Это был грязный, зачерствевший до самой последней степени надкушенный марципан.

Целый час Марек размачивал марципан в грязной луже и кусал беззубыми деснами, но не смог откусить ни кусочка. Наконец попытался проглотить его целиком, подавился и умер.

ДЕВУШКА ИЗ ГЛИНЫ

Жила одна добрая женщина. Муж ее умер, оставив ей в наследство целых три дома, но не оставив детей, а ей очень хотелось иметь дочку. И вот она продала один дом, а все деньги отнесла скульптору. Скульптор вылепил ей из белой глины прекрасную стройную девушку.

– Это довольно прочная глина, – сказал скульптор. – Твоя дочка сможет ходить и бегать, но никогда не разрешай ей садиться на лошадь. Если она упадет с лошади, то разобьется на мелкие кусочки.

Потом женщина продала второй дом и отдала деньги художнику. Художник нарисовал глиняной девушке розовые щеки, пухлые алые губы и огромные голубые глаза. Не успел он кончить рисовать, как девушка открыла глаза, улыбнулась и бросилась на шею своей матери.

– Я использовал самые лучшие краски, – сказал художник. – Они не потускнеют много лет. Но проливного дождя они все же боятся.

Женщина назвала дочь Матильдой. Матильда была первой красавицей и первой рукодельницей во всей округе, но у нее был один недостаток. Она совсем не могла говорить. Ни скульптор, ни художник не позаботились о том, чтобы сделать ей голос.

И тогда мать продала последний дом и перебралась в крохотную лачугу на краю города, а деньги отдала ювелиру. Он вставил Матильде в горло хрустальную трубку с серебряными струнами и только закончил свое дело, как девушка заговорила самым звонким и нежным голоском, какой только бывает на свете.

– Никогда не пей вина, – сказал ей ювелир на прощание. – Механизм очень хрупкий, от вина он может испортиться.

Мать научила Матильду петь модные песенки, играть на клавесине, танцевать и смеяться. А в это время глашатаи объявили по всей стране, что сын короля ищет невесту. Король сперва хотел женить его на какой-нибудь соседской принцессе, но своевольный и упрямый принц заявил, что женится только на своей подданной и к тому же на той, которая лучше всех поет. Королю пришлось подчиниться.

Конечно же, Матильда пела лучше всех и была так прекрасна, что принц влюбился в нее с первого взгляда. Пока шли приготовления к свадьбе, принц настоял, чтобы Матильда переселилась во дворец. Ей отвели большую светлую комнату в конце коридора.

Принц был высоким стройным юношей с белокурыми локонами и прекрасными голубыми глазами, ласковыми, как теплое море. Матильда тоже влюбилась в него. Целыми днями они бродили по дворцовому парку, взявшись за руки и беспричинно смеясь. Каждое утро Матильда находила у своей кровати новое платье, охапку роз и большую чашку своих любимых сливок. А вечерами она играла на клавесине и пела, а принц слушал, закрыв глаза от удовольствия.

Однажды принц решил показать Матильде королевские конюшни. Узнав, что Матильда не умеет ездить верхом, принц тут же захотел научить ее. Матильда наотрез отказалась садиться на лошадь. Впервые за время их знакомства принц рассердился, и его голубые глаза стали серыми и колючими, как ежиные иглы.

– Вот не думал, – сказал он презрительно, – что моя жена окажется такой трусихой.

Этого Матильда не могла выдержать. Она взгромоздилась на лошадь и, конечно, тут же упала и почувствовала, как что-то бьется у нее внутри. С большим трудом она добралась до своей комнаты, заперлась и стала себя осматривать. Весь живот, грудь и плечи превратились в груду черепков.

– Не нужен ли доктор? – спросила через дверь служанка.

Но что доктор, привыкший лечить людей из костей и мяса, мог поделать с глиняной девушкой?

– Не нужен, – ответила Матильда. – А нет ли во дворце скульптора или, на худой конец, гончара?

– Кажется, нет. А на что он вам?

– Разбилась моя любимая ваза, – объяснила Матильда. – Пока ее не починят, я не могу выйти из комнаты.

– Если хотите, я пришлю вам нашего поваренка. Он вечно лепит из глины каких-то уродцев и сушит их в кухонной печи. Вдруг он и вашу вазу починит.

Пришел поваренок, осмотрел черепки и взялся за дело. Добыл где-то зубного порошка, смешал его с яичным белком и медом и к утру склеил все черепки, да так аккуратно, что ни одного шва не осталось.

Через несколько дней принцу вздумалось прогуляться по горам. Матильда отказалась идти с ним – собирался дождь, – но глаза принца снова стали серыми и колючими.

– Если ты не пойдешь, – сказал он, – я подумаю, что ты тут без меня развлекаешься с кем-нибудь из придворных.

Конечно, после таких слов Матильда пошла в горы. На обратном пути хлынул проливной дождь и смыл с ее лица всю краску. Прикрываясь рукой, чтобы никто не увидел, что на ней нет лица, Матильда ощупью добралась до комнаты и заперлась в ней.

– Не нужно ли чего? – крикнула через дверь служанка.

– Поищи во дворце художника или просто кого-нибудь, кто умеет рисовать, – попросила Матильда. – Дождь испортил мою любимую картину, я не могу выйти из комнаты, пока ее не восстановят.

— Я приведу поваренка, — сказала служанка. — Он вечно малюет рожицы на котлах и кастрюлях.

Увидев, что случилось с Матильдой, поваренок всплеснул руками и бросился за красками. Не сразу у него все получилось как нужно. То рот выходил кривым, то один глаз больше другого. Но поваренок старался, и к утру Матильда стала такой же красивой, как была до дождя.

Настал день свадьбы. С утра во дворец съехались гости из окрестных стран. Нарядная и прекрасная как никогда Матильда угощала их фруктами и напитками. Поднесла она бокал вина и принцу.

— Выпей со мной, — сказал принц.

Матильда отказалась.

— Пей, — повторил принц, сверкнув колючими глазами, — а то я подумаю, что ты хочешь отравить меня.

Матильда, давясь, выпила вино и почувствовала, как лопаются серебряные струны в ее горле.

Свадьба сорвалась. Принц непременно хотел, чтобы невеста спела перед гостями. Да и как можно венчаться, если невеста не может ответить "да" на вопрос священника?

Матильда беззвучно рыдала у себя в комнате. На этот раз она не могла даже позвать на выручку поваренка. Но поваренок сам понял, что нужна его помощь. Поздно ночью он прокрался в комнату Матильды, осмотрел ее горло и сказал:

— На этот раз я не могу вам помочь — я ведь никогда не имел дела с такими дорогими вещами, как хрусталь и серебро.

Матильда зарыдала еще сильнее, поваренок гладил ее по голове, пытаясь утешить, — но тут отворилась дверь, и в комнату ворвался разгневанный принц в сопровождении стражников.

— Негодная! — заорал он. — Ты притворилась больной, испортила мне свадьбу, а сама по ночам целуешься с пьяными слугами. Убирайся вон из дворца! Видеть тебя не желаю.

Матильда вернулась в лачугу к матери. Поваренок тоже ушел из дворца и поселился рядом с ними. Поваренок лепил из глины горшки и плошки, а немая Матильда продавала их на базаре — тем они и кормились.

Однажды принц зашел на рынок, увидел там Матильду и снова влюбился.

— Ты прекрасна и без голоса, — сказал он, глядя на нее ласковыми голубыми глазами. — Я прощаю тебя. Возвращайся во дворец, и мы завтра же сыграем свадьбу.

Матильда ничего не ответила — то ли потому, что была немая, то ли просто не хотела с ним разговаривать.

Истории из жизни

Принц купил у нее все горшки и плошки, заплатив куда больше, чем они стоили. Так и пошло: Матильда носила на рынок посуду, принц платил за нее вдесятеро, а поваренок на эти деньги покупал хрустальные трубки и серебряные проволочки и колдовал над ними ночи напролет.

И вот настал день, когда поваренок сумел раскрыть секрет ювелира. Он вставил Матильде в горло очередную трубку, и девушка заговорила своим прежним, звонким и нежным голосом.

– Получилось, – сказал поваренок. – Теперь-то ты точно можешь вернуться во дворец. Принц ждет тебя.

– Я боюсь, – ответила Матильда. – Вдруг я снова упаду с лошади или попаду под дождь.

– Не страшно, – улыбнулся поваренок, – теперь я умею чинить тебя.

Никто точно не знает, чем закончилась эта история. Одни говорят, что Матильда вернулась во дворец, стала принцессой, а потом и королевой и однажды, поссорившись с мужем, выбросилась из окна и разбилась на такие мелкие кусочки, что даже поваренок не смог ее склеить.

А другие говорят, что Матильда вышла замуж за поваренка, и они прожили много лет в любви и согласии, наплодили детей, и внуков, и правнуков. И все эти годы Матильда оставалась такой же молодой и прекрасной – ведь глина не старится, а краски так легко подновить.

КОГДА ТЕБЯ ПОНИМАЮТ

Жила-была девочка, которую никто не понимал.

– Я так хочу кошку, – говорила она за ужином. – Хотя бы маленькую кошечку. Можно, бабушка?

– Ах ты умница! – умилялась бабушка. – Кашку хочет! Маленькую ложечку!

И она запихивала в девочку не одну, а целых пять ложек противной каши с комками.

Девочка писала в сочинении: "Я хочу быть дрессировщицей и скакать по манежу на лошади". А учительница потом говорила в классе:

– Маша написала, что хочет быть регулировщицей и стоять на Манежной площади. Это очень хорошее желание. Но Маша сделала в сочинении столько ошибок, что придется поставить ей двойку.

Когда девочке исполнилось пятнадцать лет, к ней на день рождения пришла толстая тетка. Это была фея, девочкина крестная.

– Подойди-ка сюда, милочка, – сказала она девочке. – Скажи мне, чего ты хочешь? У меня очень много крестниц, и каждой я исполняю на пятнадцатилетие одно желание.

"Попросить, чтобы все меня понимали? – думала девочка. – А вдруг она тоже поймет меня неправильно? И сделает, чтобы все меня обнимали, или поднимали, или еще что-нибудь. Нет уж, пусть лучше все остается по-прежнему."

Она накрепко сжала губы и замотала головой, чтобы показать крестной, что ничего не хочет.

– Скверная девчонка! – возмутилась фея. – И зачем я только тащилась к тебе через лес. Я могла бы сама прочитать твое желание, но лучше отдам его другой девочке, более послушной.

И она ушла, даже не доев восьмой кусок торта.

Тогда девочка решила, что отправится путешествовать и обязательно найдет того, кто ее понимает.

– Прощайте, – сказала она родителям, – я ухожу от вас навечно.

– Мы поняли, поняли, – закивали родители. – Ты уходишь до вечера. Смотри, не простудись.

Девочка приходила в разные города и говорила местным жителям:

– Здравствуйте, вы меня понимаете?

Но местные жители ничего не понимали и отвечали только: "Барамбия кергуду". Или "Хау ду ю ду". Или еще какую-нибудь ерунду.

Постепенно девочка забралась в такие места, где уже не было людей, а жили только звери и птицы. Она по-прежнему говорила: "Здравствуйте, вы меня понимаете?", но в ответ слышала только "Бе-е", или "Му-у", или "Р-р-р". Или вообще такие звуки, для которых и букв-то не придумали.

И вот она зашла в дремучий-дремучий лес. Ноги у нее подкашивались от усталости. Девочка опустилась на мох под большой сосной и совсем тихо, ни к кому не обращаясь, прошептала в отчаянии: "Ну хоть кто-нибудь в этом мире меня понимает?"

И вдруг услышала откуда-то сверху:

– Угу!

– Ой, – обрадовалась девочка. – Кто ты? Ты меня правда понимаешь?

– Угу, – подтвердил кто-то.

– Тогда покажись, я хочу посмотреть на тебя. Может быть, ты меня стесняешься?

– Угу.

– Не бойся, я тебя не обижу. Ты веришь мне?

– Угу, – ответил кто-то, и из дупла на дереве вылез лупоглазый ушастый филин.

– Какой ты забавный, – засмеялась девочка. – И умный, все-все понимаешь. Можно я останусь с тобой жить?

Истории из жизни

– Угу, – согласился филин.

Девочка устроила себе жилище в соседнем дупле. Днем она собирала ягоды и лесные орехи, а ночью спала. Филин, наоборот, днем спал, а ночью охотился. Но вечером у них было немного времени, чтобы поговорить.

– Я так люблю кошек, – рассказывала девочка. – Они такие мягкие и пушистые. Жаль только, мало что понимают.

– Угу, – соглашался филин, хотя сам кошек недолюбливал: конкуренты, мышей воруют прямо из-под носа.

– У тебя хорошо, – говорила девочка в другой вечер. – Ягоды, грибы, орехи. Не то что бабушкина манная каша, терпеть ее не могу.

– Угу, – опять соглашался филин, хотя слабо представлял себе, что такое каша.

Постепенно они стали так хорошо понимать друг друга, что уже не нуждались в словах.

– Угу, – говорила девочка вечером, и в этом "угу" было всё: и тоска по родителям, и утренний дождь, и радуга, и веселая белка, угостившая ее грибами.

– Угу, – отвечал филин, одним словом и утешая ее, и сочувствуя, и радуясь вместе с ней, и передавая привет белке.

Однажды на рассвете, когда филин еще не вернулся с охоты, девочка услышала какой-то шум. Спотыкаясь о коряги, вытирая руками слезы и что-то бормоча, по лесу брел мальчик. Под большой сосной мальчик остановился.

– Люди! – закричал он в отчаянии, подняв кулачки к небу. – Люди, птицы и звери! Жуки, муравьи и коряги! Есть в этом мире хоть кто-нибудь, кто меня понимает?!

– Угу! – радостно отозвалась девочка. – Угу, угу, угу!

Она выглянула из дупла и уставилась на мальчика круглыми глазами. Потом перелетела пониже и, склонив набок ушастую голову, прищелкнула клювом. А потом вернулась в дупло: надо было высиживать яйца.

Истории из жизни
ГРИГОРИЙ ОСТРОВ

Подписано в печать 2 апреля 2012 г.
Формат 8.5" на 5.5". Тираж 1000 / book-on-demand

Издательство HMG Press, Denver, Colorado

8547 E. Arapahoe Rd., Ste J-177
Greenwood Village, CO 80112
Tel. 720-436-7613 Fax 866-559-2923
e-mail: gorizont.press.@gmail.com
Printed by On-Demand Publishing, LLC.

Интернет магазин
www.gorizont.com

Made in the USA
Charleston, SC
02 April 2012